SHARON MELNICK
雪倫・梅爾尼克——著　王瑞徽——譯

主控力

全球領導力大師掌握人生的 12 個新策略

IN YOUR POWER

REACT LESS, REGAIN CONTROL, RAISE OTHERS

【導讀】

幸福，從建立主控力開始

Woomanpower 女力學院創辦人／S姐

從出社會到現在，我內心都有一種核心價值觀，「把握我能控制的，那些無法掌控的就順其自然」。就是因為這樣的心態，在社會期待的框架中，我努力地想爭取更高的薪資、地位，讓更多人看到我，努力進修學習，規畫目標並制定執行計劃，嘗試讓那些我想像的畫面變成真實，習慣將未知變成已知，讓不確定性的比例可以降低，慢慢地，我發現出社會十年後，我開始有一些比較「我執」的觀念，直接地說是固執，事實就是沒有學會傾聽別人的意見，認為自己的決策都有機會變好，企圖讓（逼迫）別人尊重我的想法，要別人來說服我才有可能改變，相信讀者們周遭也有像我這樣的主管、朋友或是家人。

我們總以為要追求那些看的到的目標，所以不顧一切，但總是忽略了，達到這些目標的過程當中，有太多人的成全、協助、覆予你的禮物。我也一直以為主控力代表了控制權，但看完書以後我才理解到，當我們處於弱勢時，懂得為自己發聲是一種認知轉換，不被動等待而是主動出擊，出擊代表了資料蒐集、結合盟友、文化創建，以及將無力的想法變成實質可應用的武器，並創造改變。當我們處於優勢時，有意識地關注環境、他人的價值觀、同理思緒、強化溝通、增強他人的權力，才能帶來創新和更好的目標實現，造就無限的可能。一手收受，一手給予，讓大家在成長突破的過程中完成作者提到的壓力循環，進化到下一個控制力層次。

特別喜歡作者提到的一段話，「如果事情是發生在你身上，你就是受害者。如果事情是為你而發生，你就是勝利者」。心態與正念想法決定一切主控權，情緒一來就容易亂了陣腳，做出後悔決策，所以我們需要工具提點，包含彙整自己的主控力清單，制定保持穩定正向力量的日常儀式，固定和聯盟的社群夥伴保持連結，對於發生在家庭事業生活中的事件，保持中立、尊重、清晰、公平與善意，主控力可以靠反覆練習產生影響力。

出社會之前，我們的自主權來自框架內的體制，升學、考試，兩點一線的學校與家庭中的生活模式，家人的期待，自己開始建立的自我意識；出社會以後，我們的自主權來自框架外的可能性，家庭、事業、升遷、財務、健康、人脈、夢想、副業、興趣、進修……等等，架構對自己的期待的生活樣貌，於是，我們開始認知到：

越是什麼都要，越有可能什麼都控制不了。

從工作中的談判、地位、權力、薪資、團隊、文化、工作時間、環境適應，到生活中的體驗、旅遊、理財，與另一半或家人的對話和言語，當生活發生我們掌控不了的事件時，我們就容易亂成一團，慌張、無助、焦慮樣樣都來，其實，普羅大眾99%的生活都是一樣的，吃喝拉撒睡，差別在於，我們對於人事時地物的主控權，對於情緒與事件的認知，對於名權利的追求，對於生活模式的重視程度。

主控力是一種選擇，一種生活方式，我們不需要羨慕、忌妒、比較別人的生活型態，只要你願意開始編寫自己的「主控力劇本」，相信真實可以帶來的力量，把自己做好，同時成為他人的盟友與導師。幸福，也許就是透過建立主控力開始，當你可以試著提出你支持的各種選擇而且不執著於結果，讓情緒不是阻力而是助力，你就擁有了主控力。

來自全世界的最高讚譽

《主控力》向領導者展示：當組織成員的實際行為不符合應有的行為時，該如何應對，而知道如何「回應」而非「反應」的領導者，就能創造出有益所有人的積極解決方案，這是一本相當重要的書！

——**財星五百大企業CEO教練、全球領導力大師／馬歇・葛史密斯**

如果你感覺自己明明很成功，卻無法在組織內得到認可或重視，本書正適合你閱讀。雪倫的熱情和智慧向我展現：一旦有了主控力來控制所能控制的一切（開始用一種我期待別人看待我的方式看待自己），就如願實現了我整個職業生涯都在爭取、卻看似遙不可及的升遷。如今，身為領導者的我感覺無比自信與堅定，並利用她傳授的工具來駕馭我的新角色，領導著一家市值數十億美元的大型上市公司的發展團隊，她確實改變了我的生活！

——**「南方保健」業務開發長／梅蘭妮・路易斯**

雪倫有獨到的方法可以幫助個人找出成功的盲點，她是當今該領域極富思想、極具指標性的意見領袖，與她合作和相識是一種喜悅，任何渴望將職業生涯推上新層次、或擁有美好生活的人都該讀本書。

——林登伍德大學多元長／艾蜜莉·皮茨

在我二十四年的職業生涯中，儘管不斷升遷、往上晉級，但我發現自己的權力正逐漸流失，也失去發言權，因為我忙碌不堪，累垮了，還被上司和某些團隊成員情緒劫持。灰心喪氣之餘，我感覺自己到了極限，沒有一點希望或改善的跡象。然後，我開始和梅爾尼克博士合作，學習她的多年研究，與收錄在書中的相關工具、訣竅與技巧。哇，情況開始起了巨大變化！它們幫我有效減少了情緒反應，讓我專注於能控制的事情，停止心理和情緒的「漩渦」，並重新獲得力量。透過她的方法，如今的我更加清晰、鎮定地專注於想要實現的目標，對於任何想重拾或保持權力的人而言，本書是你的必讀之作！

——US Venture, Inc 法律助理總顧問／珍妮佛·洛肯維茨·史懷哲

閱讀雪倫・梅爾尼克博士的《主控力》，感覺就像和你最信賴的導師和堅定的支持者對話，最後你會感到方向明確、充滿自信，並能應對任何局面與挑戰，她提供了寶貴、實用、充滿關懷的指導，幫助我們成為最好、最強大的自己。

——Bumble, Inc. 全球人才副總裁／安妮・戴維斯・戈特

《主控力》讓人眼睛一亮，它無比出色、有力且真誠，它完全影響了我、支持了我，讓我感覺自己作為母親和公司負責人的角色被「看見」，甚至捨不得放開這種感覺。我在書上劃了無數的重點，在空白處寫了無數的註解，今早我還為我的團隊製作了一支影片，要他們閱讀書中的一段話，作為我們展開一週工作的起手式。這是梅爾尼克博士的精采之作，我超愛這本書！

——NGNG Enterprises 行銷顧問公執行長／安珀・維爾豪爾

對於世界各地的女性來說，雪倫絕對是一位巨人和寶貴資源，她讓我忠於真實的自己，並為我的職涯創造出有意義的改變。讀完這本書，你成就的事業將會感謝你付出的努力。

——Abacus 資產管理公司共同執行長／尼拉・布希內爾・胡梅爾

我們都會有表現不佳的時候，該說話時卻沒有反應；該反思時卻出言不遜；該大膽時又退縮不前——這種時刻，我們迷失了自己，喪失了好好做事、自信前行的能力，所幸雪倫．梅爾尼克博士就在這裡，陪伴我們度過這些錯綜複雜的情境。閱讀這本書的過程，彷彿雪倫就坐在我們身邊，提醒我們該如何反思這些困境，教我們如何用全新的眼光與作為，全力為接下來的諸多挑戰作好準備。她要我們面對問題，重寫關於自我的真相，她邀請我們重拾自己的權力。你會想要慢慢閱讀這本書，至少讀兩次，讀完之後你一定會有所改變。

——Navalent 顧問公司管理合夥人／羅恩．卡魯奇

本書解說詳盡，讓我們能將雪倫．梅爾尼克博士的思想精髓帶回家，她憑藉無比的才華，為我們提供了方便的工具，讓我們知道自己何時失去了力量，並親自示範如何才能永遠保有力量。每個人生來都有無限的潛力，能在世上過著精采、有意義的生活，雪倫的指導能幫助我們每個人釋放這股潛力，我們的影響力將會超乎自己的想像。這是一本為這個失去自主權的時代所寫的好書，它將改變你的人生，我的生活能有諸多提升與進步，都歸功於她教我如何堅守自己的力量。

——全球永續健康學會執行長／泰瑞．科克倫

在我們的事業和生活中，我們常感覺自己將控制權交給了外在力量，雪倫．梅爾尼克博士曾指導、培訓超過四萬名領導者，她用自身經驗來分享故事、制定策略，為我們提供一張未來的路線圖，教我們如何重新控制自己的效能來提高影響力，並增進自身的幸福。

——花旗銀行全球學習長／萊恩．科恩

雪倫．梅爾尼克博士的書改變了遊戲規則，它為我的人生帶來深遠影響，幫我消除腦中雜音，穩住自身權力，成為一個強大、有效率、經營數百萬美元事業的世界級領導者。請作好準備，好好讀一讀這本書，不管讀幾遍都不會讓人厭煩！

——The Soul of Money 學會執行長、「巴查馬馬聯盟」募款長／薩拉．維特

每位現代女性領導人都需要一本《主控力》，它深入探討了種種干擾心理幸福感和成功的問題根源，作者提供的工具與洞見非常實用，讓我能以全新的方式擁有權力，我學到許多別處沒有的東西，並強烈推薦給所有正在尋找新領導力工具包的人。

——Prajna Strategy & Granate 公司執行長／克莉斯汀．克拉克

獻給我的主控力十足並能提升身邊所有人的客戶群，你們啟發了我。

CONTENTS

引言 015

第一篇 要當恆溫器（別當溫度計）

01—從無力感到主控力 030
02—從失控到駕馭 058

第二篇 主控力之門

03—精準：從被動到積極 076
04—視角：從受害者到創造者 096
05—生理：從情緒劫持到自然 High 116
06—目標：從小賽局到大賽局 142
07—心理：從直覺反應到拿回力量 164
08—專業：從不起眼到搶手 196

第三篇　運用關係力造福所有人

09—說服：從沒人理到眾人誇　216
10—合作夥伴關係：從我的問題到我們的解決方案　236
11—保護：從默默承受到主權感　258
12—強大的真相：從激憤到真誠　283
13—人：從孤單到壯大　306
14—位子：從忽視權力到保有它　327

第四篇　創造漣漪效應

15—權力是一種生活方式　354
致謝　362

引言

「我睡不著，注意力不集中，感覺像被眾人圍剿。」瑪莉訴說著。

「他一直在排擠我，還試圖降低我的股權。」瑪莉告訴我，她所在金融公司的合夥團隊中，有一名高級合夥人最近開始散布謠言，說她很霸道，團隊都怕她，幾個年輕分析師也附和他。她試著找這位惹事的合夥人談，但他的反應充滿敵意，使情況變得更糟，她覺得自己無法從人資主管或地區負責人那裡得到公正回應，因為他們都是他的多年好友。她擔心自己唯一的出路是離開公司，但這對她的名聲將是一大打擊，況且，憑什麼要**她**白白讓出辛苦經營了二十年的客戶群？

高級合夥人還批評她「質勝於量」的客戶服務方式。「他讓我覺得自己很失敗，我沒了自信，現在我甚至懷疑——也許我**是該**改變，也許我真的是惡霸。」

瑪莉感覺很無力。

史蒂夫也一樣，他是一家快速成長的科技初創公司的負責人，團隊成員的屢屢犯錯對他來說就像指甲刮黑板的聲音那樣令人抓狂。「我沒辦法**讓他們**謹慎點，並貫徹自己的工作計畫。」他解釋說。他越來越不耐並作出反應，心想「這些人真懶」，同時也質疑，「我是不是一個糟糕的上司？」他也把這股憤怒帶回家給妻子，他知道這是不公平的。

瑪莉和史蒂夫的處境和許多人面臨的情況很類似：你感覺**別人**決定了發生在**你**身上的事；他們的行為「影響到你」，讓你陷入了心理漩渦；你不斷回想同樣的情節，說服自己他們錯了，或者你有問題；你會被挾持並作出情緒化反應，而不是深思熟慮地作出回應；你發現解決問題的選項很有限，因為你試過的所有方法都無效；你覺得綁手綁腳；你想成為他人的榜樣或鎮壓全場的大人物，但你感覺自己正表現出限縮版的自己。

這就是你「失去主控力」時的情況。

你想**跳脫**這些窘境；你希望別人能做你期待他們做的事，認為唯有如此才能得到良好或公平的結果；你真正想要的是回復平靜自信的自我，重新專注於好好過生活，讓你所在的公司、社區或家庭變得更好；你想「找回主控力」。

如果以上描述符合你在生活中的普遍感受，那麼本書正是為你而寫。

我分享了一些心理學見解和策略，讓你可以用來立即停止心理漩渦，迅速恢復「表現自如」（be good in you）的狀態。透過一些克服無意識反應的新方法，你將擺脫他人對你的影響，你將取得更大的事業成果，獲得升遷，改善公司文化，和難相處的家人建立連結。

你的體驗將從溫度計轉變為恆溫器，當你是**溫度計**，你的心理和情緒狀態會隨著他人的行為上下波動。你緊盯著別人的行為，讓自己任人擺布，就好像「別人行動，我只能作出反應」，外在的氣候決定了你內在的陰晴，你感覺自己是受害者，而不是成果的創造者。

反之，作為恆溫器，你可以設定和他人互動的基調，無論他們的行為如何，你都能設定內在狀態的溫度，你可以將人們帶入你的願景。恆溫器能調節房內的所有條件——濕度、氣流、人的移動——來達到設定的溫度，作為恆溫器，你可以管理整個情況來讓它變得更好。

當你擁有主控力，你的影響力並不是用來對能力有限之人的行爲作反應，而是發揮在將自己和他人的能力同步提升到極致。

我和瑪莉第一次討論結束時，她重拾了控制感和自信。她不再把問題放在心上，情緒不安也消散了，那晚她睡得很好，也不再指望別人了解她的價值。幾天內，她主動發起的與合夥人之間的談話使他們不再惡意攻擊她；她贏得了他們對她以及她的客戶服務方式的極大尊重，以致不到六十天，他們就選了**她**擔任合夥團隊負責人；九十天內，她迎來了職業生涯最大的一筆交易，掙到一筆所有人都能從中受益的意外收入，因為她已開始執行利益均分的合約協議；接著她主導了一種將團隊人才多樣化的方法，大家一起把餅**做**大。

瑪莉拿回了主控力！

我在全球各種組織中指導、培訓了超過四萬名高級主管、企業家和專業人士，我發現，每當你發現自己處在表現不佳的艱難情況時，**潛在問題**總是：你失去了主控力。

我們在許多方面變得無能為力；我們感覺自己被忽視、無人理會，或者無法對工作和個人生活中的一些重要的人產生影響；我們可能會被主管解雇、忽視或不認可，或者遭到同事惡搞；我們無法說服決策同僚捨棄企業評分卡[1]，實現真正的文化轉型；我們或許會感覺不受霸道老闆或難相處的家庭成員的尊重，或者工作量超出負荷；我們無法讓團隊成員符合我們的期待或尊重我們的領導；我們無法讓某個合作夥伴或朋友滿足我們的需求；我們不禁開始懷疑自己。

在工作中，我們往往會因堆積了太多待辦事項和持續的變動，而失去主控力；在職場和整體公司文化中，我們在心理上缺乏安全感，而這些地方又充斥著待遇及升遷不公、微歧視和暴力等形式的傷害；在社群媒體上，我們有理由擔心自己會被封殺或抨擊；政治制度讓我們感覺自己的價值觀未受保護或遭到侵犯。

失去主控力並不表示你天生具有某種內在弱點，通常這意謂著你在乎——在乎能得到好的結果，在乎公正與尊重，在乎更高的利益。每個人都可能失去主控力，無論他在情感上有多明智或者有多大成就。我認識一位前陸軍上將，他兒子經常出言攻擊他，每天他都感覺自己是糟糕的父親，如同下一章將要探討的，我們甚至天生就有一種容易失去主控力的傾向。

失去主控力時，我們會盡一切所能找回它；我們會怪罪惹事者做了或者沒做什麼，盤算著如果有機會要對他們說些什麼；我們透過向他人發洩來尋求同情；我們猶豫著該留下還是離開，直到終於決定抽身；我們努力不藉由喝酒、用社群媒體麻痺自己或其他不健康的習慣來面對這情況。

來自朋友、家人或部落客的各種善意勸告要我們「放手、走吧、給一點時間、堅持下去！」這些忠告主要是鼓勵，無法真正為你注入力量。有人建議我們堅定不移地解決問題，或者繼續做一些行不通的事，卻沒有正視你的一些根本的東西遭到

1. 編註：即「信用評分卡」（Credit Scorecard），一般使用於零售金融（Retail Banking），可分類為「申請評分卡」（Application Scorecard）以及「行為評分卡」（Behaviour Scorecard），類似的觀念也用於法人金融（Corporate Banking）的業務上，並稱之為信用評等（Credit Rating）。

了否定，例如你的自我意識、你的忠誠、你的底線、你的願景、你對世界該如何運作所抱持的公正感，或以上皆有。

和這類情況纏鬥會干擾心理健康，造成我們在應付「事情忙不完」文化之外的更多精神消耗。我們甚至可能出現心理健康症狀，例如由於感覺缺乏控制感而引起的焦慮；或者在求助無門的情況下，轉而開始對沮喪的自己生氣。來自昔日創傷的情緒和行為可能被重新觸發，當你感覺眼前的情況已無可避免，就可能出現創傷後症狀。

拿不出有效方法來駕馭這些場景會破壞我們的職業生涯，我看過許多人因為這樣而離開組織（或結束一段感情），或決定留下，不過只是應付了事，但這不是你的作風。此時會使我們開始避免與人合作，然後削弱了同事、朋友和家人之間的連結和信任。身為主管的人可能會招架不住，或只顧追求自己的工作進度，而不是為團隊效力。

失去主控力會摧毀夢想，扼殺樂趣。

無論個人或群體，我們比以往更有決心翻轉我們遇上的這類處境；我們受夠了因為別人的行為而懊惱自己的價值觀，或者讓它限制我們的成功。隨著各種疫情相關狀況帶來的持續壓力、經濟的不確定性，以及對社會不公的遲來清算，我們的心理韌性也被消磨了不少。

我們將心理健康列入重大考量，而且優先選擇，能讓我們順利展開重要工作的環境。我們已準備好成為我們希望看到的改變力量，讓各領域的人生活都能得到改善。我們想追求比按摩、美甲或健身更長遠的效果，我們尋求一整套可用於緊要關頭的實用回應技能，以便推動我們的目標並體驗恆久的幸福。

擁有主控力是自我關照的終極形式，也是你想要的成功人生的根本解決方案。

◆◆◆

身為企業心理學者和高階主管教練，我開始將成年人失去主控力的現象，與職業生涯初期在哈佛醫學院的十年研究中獲得的觀察加以連結。我最初的重點是，研究有哪些東西是我們從童年時期帶到對下一代的親職工作中的，對那些有過艱困體驗的人，我提出許多療傷方法，讓他們可以做自己，超越固定模式，並以自己想要被對待的方式對待他們的孩子。

不知不覺中，我在研究時整理了不少重拾主控力的心理過程。在輔導客戶的二十多年經驗當中，我聽說了許多他們在職場遇到的問題，也逐漸發現，我為了幫助人們克服親職初期的創傷相關模式而開發的許多方法，同樣可以應用於更廣泛的工作和社交環境，例如當人們感覺不受重視或難以發揮應有影響力的時候。

我自己也正需要！我是一個整天對別人起反應的人，總是被大大小小的不如意弄得煩躁不堪。如果有朋友對我說了句模稜兩可的話，我會用這天剩下的時間來推敲它；我尋求別人的認可，唯恐別人不贊同我；書本要我「向內看」，結果我只發現大堆自我批判的雜音。生活中難免有各種狀況，當我發出意見，我沒看到它產生影響，和許多人一樣，失去主控力已成為我存在於世上的常態。我潛心研究如何指引人們在工作挑戰中應用這些方法，但首先是使用它們來確立我對自己的所有權。

在指導數千人成為自信且有影響力的領導者的經驗中，我觀察到，對事業成果的最大竅門很少來自某一特定策略，而是來自懂得如何取得並保持自己的主控力。它來自一種全新的問題理解方式、自身散發的活力，以及帶領他人達成雙贏解決方案的統籌能力。

◆◆◆

「權力」（power）一詞很容易誤導人，我們常把它和掠奪性、自私或操控性以及濫權的人連結在一起。擁有主控力**不是**對他人**施加**影響力或者透過蠻力達到目的，這種情況只會發生在**握有**權力但沒能掌控**自己的**權力的人身上。他們或許是因為缺乏安全感而做出這些行為，擔心如果不表現出自己的強大，就會落得屈服於他人的權力之下。

研究顯示，如同俗話所說「權力令人昏頭」，許多調查顯示，位高權重者**會**更容易將精力用於追求個人的目標，而他們的同理心可能會降低。

擁有主控力的性質全然不同。「Power」一字源於拉丁語字根「posse」，意思是「能夠」（to be able）。主控力是無論周遭發生什麼狀況，都能「表現自如」的能力；擁有主控力則是一種將外界發生的各種艱難局面加以轉化，以便進入內在的「一個好地方」，**好讓**你能採取行動來達成目標，並讓外在情勢依照你的意願發展的**能力**。

擁有主控力實際上包含兩種能力：取得主控力，以及運用你的權力作為一種向善的力量。「向善」是關鍵，為了便於我們採用「power」作為一種向善力，我想將它重新定義。

當我說運用你的權力，指的是**利用你自己作爲改善情況的工具的權力**，一種獲得更好結果、從根本上解決紛爭、執行創新構想，或營造一種讓自己和他人都能蓬勃發展的文化的力量。正是這種積極使用權力的可能性，使得成功管理專家、《登上權力高峰》（*Rising to Power*）一書作者朗．卡魯奇（Ron Carucci）說，他在針對一些位居領導職位者所進行的十年研究中發現，最大的權力誤用是「不行使權力」！

當你有了主控力，你會對自己的心理和情緒狀態、思想和行為有一種控制感——你會回應而不是反應；你決定你是什麼人、願意接受或不接受什麼——你對自己的選擇負責；你的生命歷程不是降臨**到**你身上，而是從你身上、透過你、為你而發生。

你發揮你想要的影響，讓情況變得更好，不單是為你自己，也為了所有相關的人。

有了主控力，你不再把事情放在心上或緊抓不放，不管別人的行為如何，你的幸福感都會得到保護，因為別人不是你情緒的氧氣供應線，你才是。你不必擔心他們對你的評價，因為你決定了你是誰，這給了你自由！

有了主控力，你隔絕了各種情況的負面影響——你可以看到它們一步步展開，了解每個人的動機和需求，並策略性地作出回應。你樹立新的標準，並為新的對話保留空間，萬一被踢出主控力外，你也懂得如何迅速把它拿回來。

你說的話得到重視，你得到你想要的結果，問題從根本上得到解決。你很自豪自己的處理方式，它也不會惡化或繼續消耗你的心力；你的精力被釋放出來，投入到你愛的人、你喜歡的活動以及你今生追求的志業當中；你能鼓舞激勵他人，用你的權力賦予他們力量；你離開時情勢變得比你加入時更好。

當你擁有主控力，你將讓身邊的每個人得到提升。

你將在生活中隨處看見這些影響，擁有主控力可以：

增強心理韌性和心理健康：它給予你冷靜清晰的頭腦，讓你可以堅持重要的想法，擁有取之不竭的精力。

讓你解決問題而非一走了之：當你有能力處理棘手情況，就能（只要條件合適）待在組織中並得到發展，將有害的關係轉化為富有成效的合作，並為團隊帶來巨大勝利（或發展你自己的公司）。

讓你發揮影響力：一旦你自己的權力壯大了，便能激發其他人壯大他們的權力，有能力創造更大影響會讓你的客戶樂昏了，並將喜悅帶回工作中。

幫助你應對社會不公並改變它：系統性的不平等，必須拆除支撐它們的結構才有辦法解決，這是唯一和最終的解決辦法。但在達成之前，擁有主控力能幫助你直接面對各種不公不義，幫助你不被挑動情緒，並克服它們對你的個人影響。擁有主控力將讓你更有自信堅持下去，並強而有效地作出回應，以便成為改變的動力。

在接下來的章節中，我將帶你了解此時此刻你擁有多少內在的力量，可以讓你即刻感覺狀態絕佳，並實現你想要的改變。我將帶你瀏覽我所謂的「主控力之門」（Power Portal），它們就像許多入口，共有十二道，可以帶領你理解自己面臨的艱難處境，並找到改變它的新方法入口。

前六道門將教你如何獲得主控力，並在遇上挑戰時依然權力在握；後六道門將告訴你如何在人際關係的場合與高階職位上利用你的權力造福所有人。無論你身處何種角色，主控力能幫助你解決超出能力的問題，然後扭轉逆境以獲得支持、獲得升遷、獲得想要的團隊績效，或解決個人摩擦以加強關係。

你將從大量他人的故事中學習，這些人受到挑戰而失去主控力，接著扭轉情勢，讓自己的構想贏得認可，而且獲得升遷，達成他們想要的團隊表現，或者解決私人紛爭而鞏固了人際關係。

一旦你取得這些入口為你開啟的權力，你會發現，擁有主控力將成為一種生活型態，你的存在就等同一種無限創造力，能使任何情況符合你的良好意圖，並營造出讓所有人受惠的成果。只要擁有主控力，你的存在與出現，就是一股改變的動力。

大約在本書剛開始成形時，我和我的同事喬（Jo）通電話，她是一名高級人資主管，前幾天她才剛離開待了一年的初創公司人資主管職務，她談到那段經歷時說：「感覺就像流沙，但我撐了下來。」她很困惑，「我受雇是為了帶來新的願景，可是公司創辦人阻擋了這份願景。」她開始質疑自己，「我聰明到可以應付這些嗎？當那些混蛋開始口不擇言，我逐漸變得害怕說錯話，我覺得我快瘋了。」她坦承，「我了解必須先給自己戴上氧氣面罩才能幫別人的道理，但我連這都辦不到，即使這並不是我第一次做這樣的工作，而通常都是我教**別人**應付這類狀況的。」

在這種情況下，我們到底該怎麼辦？「我去找我追蹤的 Instagram 名人，搜索能幫我的引文或迷因（meme）。有一位心靈大師的影片說，我應該去對著鏡子告訴自己：『我相信自己。』這幫了我三十秒。」接著她告訴我，「我知道我的內在存有力量，但現在我無法找到它並利用它，真希望有個地方可以讓我學習如何掌握自己的力量，如何往內探尋，而不必在別處或透過他人尋求它。你能不能推薦一本書，讓我可以反覆閱讀來重新獲得它？」

我和她分享了我用來「理解她的處境，以確保它不會再發生」的基本方法，談話結束時，她說：「這是我幾個月來頭一次感到安心。」

對了，還有她希望我推薦的那本書——「我懂，喬，就是這本。」

第一篇

要當恆溫器（別當溫度計）

IN YOUR
POWER

CHAPTER

01 從無力感到主控力

「活出你的極致，永不嫌遲。」

——英國作家／喬治．艾略特（George Eliot）[2]

在我職業生涯的初期，有一次我拿到一張在華盛頓特區舉行的搖滾演唱會的門票，那是一場轟動一時的表演，所有最受歡迎的樂手都會參加。隨著看臺逐漸坐滿，我注意到前排有一群人，而且意外認出了其中一位。她就是時任副總統高爾[3]的妻子蒂珀（Tipper Gore）。她大力提倡許多改善婦女和兒童生活的政策，我認為我們的任務應該可以相輔相成，我沒有片刻猶豫，大步走了過去，向她伸出手說：「嗨！我是雪倫．梅爾尼克博士，我在哈佛醫學院做心理學研究，探索在困境中成長的父母如何擁有心理韌性和信心來打破世代循環……」

蒂珀的興趣被激起，我們聊起了工作和她的女兒們，突然，她回頭對幕僚長說：「梅麗莎（Melissa），能不能請妳記下梅爾尼克博士的聯繫方式？我們想邀她到白宮分享她所做研究的政策影響。」

在回家的航班上，我想到自己是多麼幸運，在很小的時候，大約五歲吧，我就知道這輩子想做什麼工作。我想幫助人們將個人苦難轉化為強大的服務，作出今生該有的貢獻。

這正是我來到世上的**目的**，也是我長期學習、努力工作的目的，也許如今我已建立起一種可以讓夢想成真的人際關係。我寫了一份簡短的研究說明，然後用 email 發送給梅麗莎。

幾週後的某日，我正在繫運動鞋帶準備去跑步，手機響起，是梅麗莎！她向我說明了蒂珀幫助全國數百萬家庭的各種措施，沒多久她突然問，「妳能來白宮分享一下妳這項研究的政策影響嗎？」

一想到自己如何能產生如此重大的影響力，我的心因緊張、興奮而狂跳不止，所以，你認為我說了什麼？

當然了，我說……

「不。」

2. 編註：一八一九～一八八〇，原名瑪麗・安・伊萬斯（Mary Ann Evans）。
3. 編註：Al Gore，一九四八～，第四十五任美國副總統。

我並非直接說不，而是說：「我覺得我的研究還不夠深入，等我們有進一步發現再回覆妳。」（沒關係，你繼續吃驚、喘氣。）

為什麼？我想像自己坐在白宮的那張桌子旁，向蒂珀和一群重要的決策者介紹我們的研究結果。儘管我的研究曾經獲獎[4]，但我確信，那些人會覺得我不夠精明。因此，我將我認為他們**可能會如何看待我**放在首位，放棄了我原本可以為數百萬家庭的生活作出貢獻的難得機會，我給了他們最大權力來決定我能或不能發揮影響。

即使那天的其他時間我是擁有主控力的狀態，在那一刻我失去了它。不管是因為別人的行為或者我們內在某種被啟動的東西，我們都會進入一種狀態，讓思想、情感和行動三者協力來削弱我們的力量。

如果你能將擁有主控力看成一種可以脫離的狀態，那麼，顯然它就是一種你可以重新進入的狀態。當你**指出**它，你就能**制伏**它，你可以知道你何時進入，何時脫離。

就算突發事件本身可能是失控的，但只要回到該狀態的本質上，就能回到你的控制範圍內。你想努力使它成為你的預設狀態，這讓你的意圖具體化——你沒有一堆問題需要「改進」，你**只有**一**點**需要加強。

「失去主控力」一語也提醒你，你已經和內在、外在的某種力量**來源**斷絕了連結。這是你進入的狀態，這不是**你**。當你之前的方法都不奏效，或者雖然你盡力不作出反應但還是忍不住這麼做時，這麼想可以幫助你少一些自我批判。在本章中，你將了解是什麼讓你處在失去主控力的狀態而且無力改變，以及如何拿回主控力（結果，大約十五年後我再度獲邀前往白宮，而且說了「好」。當你開始表現出「擁有主控力」，自然會吸引許多機會）。

為了更自覺且全面地擁有主控力，我們首先要了解它的三個基本屬性：

1. 主體感（Sense of Agency）

你視自己為自我人生的創造者，你認為「**我能**」。

生活不是發生**到**你身上，你最大化了你能控制的事物；你總是看到許多選項，而且總是有意識地選擇你的回應方式；你認為你該對自己的想法、感受和行動負責；你可以選擇當前的情況是否適合你（感激自己**總是有選擇餘地**）；你能從容應對，不受限制或干擾。

4. 譯註：作者曾被評選為葛史密斯全球百大企業教練（Marshall Goldsmith Top 100 Coach）、二〇二三年兩百強領導之聲（LeadersHum Top 200Leadership Voice）。

2. 主權感（Sense of Sovereignty）

你擁有自己，你認為「**我是**」。

你感覺自己是不可侵犯的；你書寫關於自己的敘事，並重寫一些被放在你身上的敘事；你有意識地決定你對自己的看法，你是否有價值和夠格由**你**決定；你清楚自己的價值觀、你的立場和你來到世上的目的；雖然你向別人學習，但你相信自己的建議，而不是讓別人或一些事後諸葛的意見來決定你對自己的看法。

你的想法、感受和所說的一切都達成一致，並形成你的行為方式；你能在真心贊同時說是，在打從心底不認同時說不；你能提出你的要求，說出真相而不擔心遭到報復；你受到自我價值觀（而不是別人強加給你的東西，或你試圖讓別人對你產生什麼看法）的驅動。

你懂得如何創造你內在和周遭的心理和情緒「氣候」，即使你情緒化地作出反應，也能很快定下心來，你懂得內在的平靜。

你知道自己要什麼，也喜歡你為自己作出的選擇；你知道如何滿足自己的需求，因此你不需要向任何人施壓，或怪罪別人沒有達到你的要求。當別人確實支持你、喜歡你，你能坦然接受而且感到滿足。

3. 效能感（Sense of Efficacy）

你的努力會帶來改變，你認為「**我有影響力**」。

你的行動能得到預期的結果；你能採取行動來改善自己的處境——不單為了自己，也為了所有相關的人；你的溝通方式「很管用」；你能將**不**變成**好**；你能促使他人行動。

你能超越局限性的問題，看到無限可能的解決方案；你了解事情的來龍去脈，將自己和他人的需求一併考慮，並尋求雙贏的解決方案；你能從根本上解決問題，你將自己的目標和所有人的進步聯繫在一起。

你知道如何擺脫惡劣的處境，找到或創造好的新局面，你的方法超越了當前的範例。

總之，這些擁有主控力的屬性，也就是當你處在並待在順風順水狀態時的特徵。這些敘述意謂著，你握有大量各式各樣在你掌控下的事物，以及可用來管理自己及尋求解決方案（無論面對何種挑戰）的方式。

脫離主控力是什麼狀況？

當某件事讓你受到情緒劫持，你就會變得失去主控力，每個人在這方面的體驗各自不同，從強烈的內在警報一直到細微的感覺不等。也許你會感覺胃部下沉，或者胸口、喉嚨一陣緊縮；它可能就像一道電流穿過你的血管，或者相反，活力就像雨流下窗邊那樣從你身上流失；也許你很想放聲尖叫，也或許你只注意到你情緒心電圖上的一個小信號。

在最初的情緒反應之後，各種念頭會讓我們陷入心理漩渦，你的反應揭露了你最深的不安全感，馬上認為別人的行為意謂著你不夠格或不重要。我們滿腦子忙著怪罪惹事者做錯了什麼，以及他們該怎麼做才對，我們帶著這種體驗進入下一場會議、家庭生活和不得安寧的夜晚。我們覺得別人彷彿可以全權決定事情的發展，我們感覺自己被看輕了。

接著我們行動，在氣頭上的我們，可能會用充滿戒備的口氣作出反應；我們可能會逃避，例如明知該傳封 email 卻不這麼做；我們用食物、飲料、藥物或上網找樂子來麻痺自己；我們展開攻勢，謀劃著要如何讓惹事者變成自己的下屬，以便占據上風；我們可能會沒完沒了地向任何願意傾聽的人發洩，或者像湖上的天鵝，表面淡定，水底下卻攪動得厲害。

這描述了你在任何一天對可能的人際互動所作出的劇烈反應，但時間一久，當你不得不和那個人或體系互動，你面對這段重要人際關係或你一般生活中的回應方式，就會開始變成一種自動化模式（算是一種能讓情緒麻木以減輕痛苦的自然適應）。

你甚至可能在獨自一人思考時，用自我懷疑來挾持**自己**（即使有客觀證據顯示你擊垮了它），這樣的心理螺旋一旦發生，你就會漸漸覺得，這種令人洩氣的狀況原本就是稀鬆平常的事，或者轉而將矛頭指向自己：「我本來就這樣。」

你可能在生活的某些方面很有能耐，在其他方面則不然；或許你**心裡**很清楚自己真的很擅長手上的工作，但你**骨子裡**還是質疑自己；你或許有支持你的朋友和家人，他們愛你，但無法讓你的上司看見你的優點；你或許是一名成功企業家，但你的孩子或伴侶讓你感覺不受尊重……這些情況都令你不知所措。

我們每個人都擁有將主體感、主權感和效能感作為預設狀態的內在資質，即使暫時感到無能為力，也能迅速恢復力量，但我們也都有一些根植於天性中的回應模式，會讓我們在無意識間失去掌控，再也無力改變。

三個力量脫軌因素：克服固有天性、找回主控力

當情況出現以下現象，人的固有天性很容易讓我們失去掌控且無力改變：

1. 似乎不受你控制
2. 啟動你內在的某個還未解決的模式
3. 沒有因為你試圖加以改善而變得更好

我們甚至演化成天生就容易讓這些脫軌因素決定我們的反應，可是一旦我們意識到它們，我們就能超越它們。首先，我們得了解一下這三個脫軌因素是如何運作的。

人往往專注在自己無法控制的事情上

只有當問題超出我們的控制範圍時，我們才會失去主控力。當你專注在自己控制不了的事情上，**你的力量便會流失**，你的神經系統資源被重新引導，流向那些監

控著可能威脅生理健康與心理情緒的人體訊息。

你大腦的這些威脅偵測功能，就像一個全年無休、時時戒備的海軍陸戰隊哨兵。當感知到威脅時，哨兵就會發出警報，並開始應對威脅、解決問題。我們的心智被設定為更關注自己在危險情況下**無法控制**的事，而不是**能夠**控制的事，你的注意力自然會被吸引到讓你感覺「很無力」的方向，評估著超出你控制範圍的因素清單。

我們有一種固有的後續反應，它能讓我們在了解環境中的刺激不再是威脅時，回到一個內在的安全之所。但是，當我們過於專注在無法控制的事情上，我們的注意力只會在威脅中打轉，這麼一來，站崗的哨兵便無法發出可以放鬆警戒的信號。

一項針對大學生進行的調查，證明了人對這類威脅的極度敏感性，他們被要求寫下一些「他們對他人」以及「他人對他們」有主控力的人際關係狀況，然後再完成一項認知任務。即使是一個人失去主控力的短暫經歷（僅花幾分鐘寫下自己感到無能為力的情況），都會降低他們的主體感以及他們自認能夠掌控的東西。

受到威脅時，大腦還會透過一個問題來過濾所有傳入的訊息：「這會如何影響**我？」你腦內的生存機制確實會讓你把事情看得非常切身相關**。儘管在初期演化中，人類必須警戒的威脅主要是關於人身安全，但《大腦如何運作》（*Your Brain at Work*）一書作者大衛・洛克（David Rock）強調，當今人類所面臨的威脅，主要是在社會地位、確定性、自主性、關聯感和公平性。我們天生喜歡交際，我們持續關注別人，以便評估自己的安全程度，自己表現如何；我們嚴密追蹤，然後解釋別人的行為。處於較低權力位置的人尤其如此，會更加全面性地關注處於較高權力位置者的行為。

久而久之，你的大腦會把「這會如何影響我？」的問題，和另一個更廣泛的問題「**這意謂著我是什麼樣的人？**」連結在一起，這將我們導向第二個讓我們脫離主控力的因素：感知到威脅時的個人無意識反應。

人往往照著未解決的模式行事

當你陷入脫離主控力的局面，是因為有一種個人**陷阱**，會讓整個狀況對你產生不成比例的影響，你的大腦會將當前情況和你之前某個強烈的情緒印象連結起來，讓你認為那個主題和眼前的情況相關，或者又重演了。

每個人都有一些（或者過多）讓我們感到無力的經歷，為了想要控制、弄清楚它，我們會試著加以解釋，並賦予它意義。除非積極處理，它將成為一種懸而未決的帶來恐懼、痛苦或自我懷疑的源頭。它就像我們心靈中的「火種」，別人的行為或者我們所處的環境，都可以像火柴一樣把它點燃。這些都是誘因，是對類似主題的舊經歷的痛苦提醒，能將我們瞬間轉移到無力感的再體驗當中。

這些火種使得我們將情況個人化，把它變成過去的問題，而無法客觀看待眼前的狀況。這樣的無意識過程，升高了當前情況被感知到的嚴重性，因為它**超越了眼前的細節**，暗示了一些關於**你是誰**的東西，而我們往往意識不到自己的火種，因為它深植於我們的心靈。

舉例來說，假設有位同事把你排除在某次會議的 email 通知名單之外，如果你主控力十足，你可能會找該同事討論你可以為會議帶來什麼價值，或者為什麼聽取與會者的討論對你很有幫助，然後要求加入名單。但如果某個未解決模式被觸發，你可能會轉而思索自己為何被排除在外，告訴自己「我不被尊重」、「我不夠機靈，所以沒有受邀與會」，或者「他們試圖把我邊緣化」，而且深信事實就是如此。

儘管眼前場景的細節，可能和你當年面臨的情況明顯不同，你的大腦依然透過一連串聯想，將當前事件和往事連結起來。突然間，整件事變成了自我價值的評斷，而不是一群會犯錯的凡人之間的日常互動。

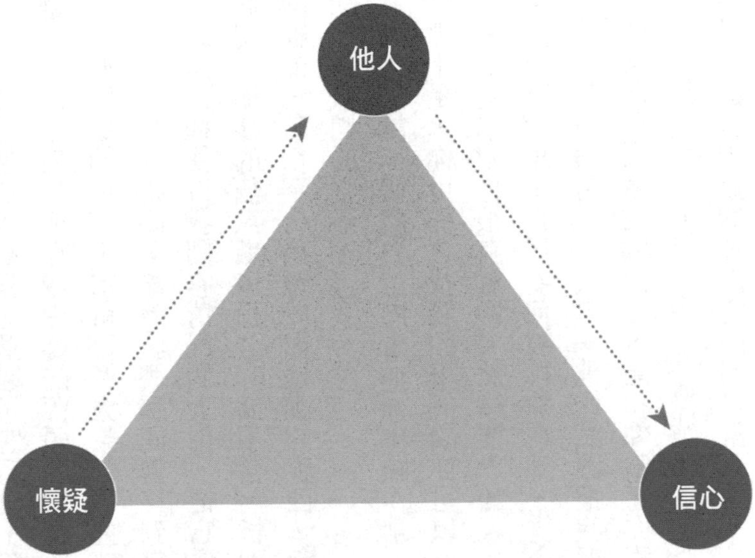

重點來了：當火種被點燃，而讓我們陷入脫離主控力的狀態時，我們往往指望把別人扯進來支持我們；我們會尋求他們的確認和承認，試圖進一步證明自己，或者訴苦以博取同情；我們會有所保留，來防止他們批評或拒絕我們，而且等待他們的許可，以便放手去做我們自認應該做的事；我們會極力討好並做到完美，以免讓他們失望。你**交出了主控力**，試圖藉由改變外在的人和環境，來修補你內在的某種不安。

如同我在第一本書《壓力下的成功》（*Success Under*

Stress）中介紹的，這張視覺化圖表說明了人通常是如何**捨棄主控力的**。你會對他人展開行動（如三角形左側的向上箭頭所示），來讓他人對你有所行動（如三角形右側的向下箭頭所示），**以便**你可以對自己感到安心。你的時間、精力和關注都用在處理他人對你的觀感，你將對自己的評估交給他人，並過分重視他們的意見。簡單講，你讓其他人參與到你尋求內在價值感的努力當中，我稱這些為「迂迴」（indirect）途徑。

使用迂迴途徑時，別人對你的看法和行為**很重要**，因為你**需要**他們的意見才能獲得內在的主控力。透過建立一個必須透過他人來獲得你最需要的內在力量的公式，你等於**交出**了自己的主控力，這讓你變成了溫度計。

當我推拒一個能夠影響數百萬人生活的機會時，我就像溫度計，因為我擔心白宮會議桌上的人會怎麼看我。

迂迴行為是完全正常的，早在嬰兒時期，我們天生就會尋求生活中重要人物的關懷回應。這是人類嬰兒學習安撫自己的神經系統，並將自己是否值得被照顧加以內化的方式，正如我們需要吸入氧氣來讓身體成長，我們也必須從看護者那裡吸取「情感氧氣」，以滋長我們的自尊。當孩子逐漸成長，他開始**透過親近人物的目光來看待**、**了解自己**，雙親的愛和關注、老師的評價和讚揚、同儕的認可和欣賞，都是我們藉以認識自己的機制——無論好壞。同樣地，我們天生就會避開身體或情感上的傷害，而且害怕「遭到排擠」（kicked out the tribe）。

簡言之，我們早年生活中的重要人物充當了「安全基地」，當我們有一位反應積極的看護者，我們會去找他們來尋求安全、撫慰，並確保自己的重要性。從這個基地中，我們獲得了征服世界所需的能量。

迂迴行為一開始是為了適應，由於我們學會了透過別人的目光來了解自己，並透過他人的意見來管理自己，許多人在成年後繼續採用這種方法來獲得對自己的安心感，我在哈佛醫學院研究期間發現：

一直以來，你爲了建立內在權力感所做的正確的事（即透過他人），如今成了讓你脫離主控力的做法。

如果你尚未發展出用自己的力量與方式來獲得主控力，你或許會繼續求助於他人，來讓自己進入這種內在狀態。萬一你沒有得到你需要的回應，你會為了得到它而更賣力地嘗試。這成了一種惡性循環——你將自己置於主控力之外，然後責怪他人無法提供幫助來讓你擁有主控力。

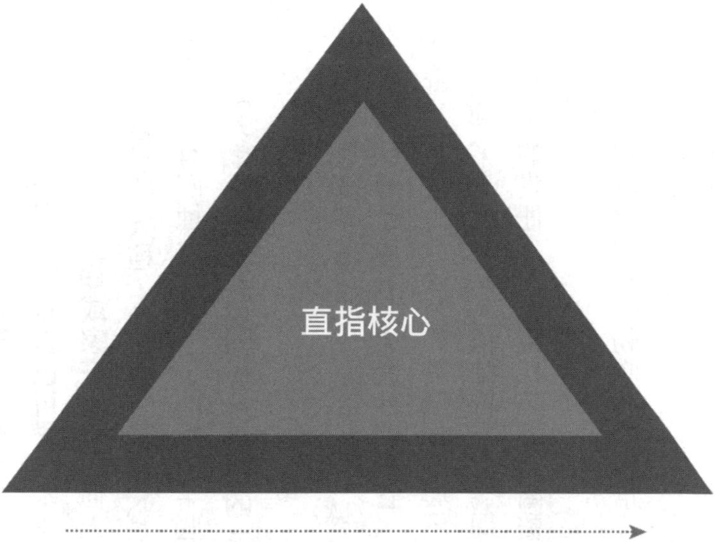

你可以學著避免將任何特定的無力情境，變成一種認為自己不足或不夠格的廣泛結論。

解決辦法是「直指核心」（Go Direct），也就是擺脫他人的評價，直接從內在獲取自己的價值。你內心充滿了因自己的貢獻帶來的回報和滿足感，你從**你的源頭**（your Source）——無論你如何定義它——去尋找自己的目的感。你成了自己可以隨時投靠的安全基地，然後如同我的同事喬說的，你便會得到所需的能量，可以走出去並成為提升他人的人。

如果從「愛」的角度來思考這個概念，迂迴行為就像在嘗試「得到愛」，而直指核心「就是愛」與「感覺自己可愛」——因為**這點**是你可以控制的。這麼一來，不管你的個人生活、工作或家庭中的任何人有多麼不足都無所謂了（要做到這點，你必須找到自己的火種，並學會直指核心，我將在後續章節教你學習的方法。注意：迂迴行為有四種特定類型，而其中某些類型也有可能會造成反效果，所以請上www.inyourpowerbook.com 網站取得完整的 Power Profile 主控力簡介，以利進行個人化學習）。

我的客戶蘇珊（Susan）在深陷無力感泥淖多年後，透過這種方式迅速重拾了主控力。身為保險公司長照失能部門主管，她總有處理不完的索賠案件，雖然工作的堆積與壓力，是由於公司的官僚程序與不易招聘到合適的員工造成的，儘管她的績效考核得到了高度讚揚，但她依然認為問題和**她**能力不足有關。她總覺得自己努力不夠，滅火的責任得由她來扛，她不斷監督自己是否能向上司和同事證明她做得好、辦得到。

有一次她和母親一起運動時有了頓悟，她的母親熱心公益，常在慈善廚房當志工，蘇珊一直對母親花太多時間在這項工作上感到不滿，自己也迴避做任何這類志工工作。她很內疚自己做得不夠——沒有處理更多索賠案件，對社區的付出也不足，一旦她將兩者連結起來，便打破了火種對她的支配，**有了一種自己已做夠了的全新體驗**，而不必為了希望得到認可而承擔超出人類負荷的工作，把自己累垮。

實質上，讓我們失去主控力時，的確會對我們的個人目標和幸福構成重大威脅。因此，要重拾主控力，就得拿出能有效處理真正問題的策略性解方，以下這第三個脫軌因素解釋了，我們的大腦是如何阻礙我們採取這些方法。

人往往循著錯誤途徑去解決問題

我們天生的情緒壓力反應會阻撓我們有效解決問題的能力，因此會**忽略自己既有的、尚未行使的權力**。當我們在某種情緒狀態下失去主控力，看到的選項範圍將十分狹窄（或許只限於已想到的少數幾種，通常也只關係到對方該如何改變）。腦中壓力荷爾蒙水平的增加使得大腦搜索的數據庫縮小，限制了我們的模式識別能力。我們的大腦對新訊息的解讀大致上會符合你最近解讀類似狀況的方式，而這種脫離主控力的循環，可能會讓你的理解始終在同樣的幾種有限選項中兜圈子。在針對高主控力者和低主控力者的大腦所做的研究顯示，高主控力者大腦的目標導向中樞十分活躍，低主控力受測者腦中的目標尋求活動則極少。

我常聽客戶說，「沒錯，我是說出了意見，可是……」重點是他們沒得到合作回應，甚至根本沒得到回應。我的一位客戶塔拉（Tara）就遇上這種情況，而她在我們初次諮商之後就扭轉了局面。她在一家《財星》百大企業從事銷售工作，她對我說她準備離開公司，因為她那共事六年的上司接連拒絕了她提出的、要求更多資源和更好任務的所有請求，並將這些機會留給團隊中的年輕男同事。這影響了她的收入，她已經到了產生所謂「受害者心態」的地步。我們都同意她得盡全力去影響她的主管，萬一起不了作用，我們將轉向 B 計畫，為她找份可以投入的新工作。

她形容這位上司相當自戀，只顧著討好上級，對她來說，這意味著永遠得不到支持，因為他只顧自己。但在了解他這樣的性格後反倒給我一個絕佳的提示，讓我知道她該如何影響並改變上司的決定，我們仔細編排了她的請求方式，方向不再是關於**她**要什麼，而是要讓上司了解，一旦答應她的請求，將會讓**他**感到很有面子。

接下來一週，她傳來 email，說她見到了上司，並得到她想要的一切（甚至更多）。她不僅留在了公司，而且在四個月內迎來職業生涯最大一筆交易，獲得了升遷，並額外賺得十萬美元佣金。在升遷後的職位上，她改進了銷售團隊分派工作以及取得資源的流程，因而讓整個團隊的其他成員也得到了提升。

這只是我們常見盲點中的一個小例子，雖然說，無論經理或任何人都不該阻撓尋求支持的請願，但你也要慶幸能有機會使用大量你可能會忽略的、具有影響力的手段。

這種面對「盲點」的態度會形成一種脫離主控力的惡性循環，我們透過狹隘或無效的途徑讓自己陷入困境，然後責怪對方不合作，加深了自己無法獲得支持的傷害，進一步縮減了可用的有效途徑範圍。

我們內在擁有以及運用（而非漏失、捨棄或忽略）的主控力越多，我們就越能在生活中擁有自己想要的東西，同時較不費力地發揮更大影響力。

將惡性循環轉爲良性循環

這三個與生俱來的程序是你的**人類境況**（**human condition**）**的出廠設定**，目的在幫助你應對危急情況，而且本能上就可以適應良好。

這些傾向能讓你過著滿足基本生物需求的生活，然而你想要的是按照自己的方式生活，並作出你這一生該有的貢獻。握有主控力時，你可以選擇如何應對一些可能有助於生存的挑戰，你會面對許多自己和其他人陷入特定模式的處境，而且找到出路，並創造一種良性循環。

在握有主控力的良性循環中：

1. **你能最大化你能夠控制的**。你擁有主體感，也不再流失力量。

2. **你決定你想成爲誰，不會放在心上或者被激怒**。你擁有對自我的主權，而不再交出權力，你從內在獲得信心的來源，不需要他人來改變或承認，你就能進入最佳狀態。

3. **你的方法是策略性的，因此是有效的**。你具有效能，你不再忽視自己既有的權力，你解決問題的方式助你得到想要的結果，與人合作也比你原本想像的要好。

在良性循環中，生活會越來越好，你相信事情終會圓滿解決，因為你知道該如何做到這點，你的能量被充分釋放以達成目標。由於環境確實反映了你的才能，你擁有的價值感也得到了強化，自信會帶來勇氣和意願去冒險並分享你強大的真實想法。你的意見會得到認同，招來機會、贊助者和合作夥伴，並發展你的平臺。你會吸引許多機會，像是新的更高職位和演說機會，有助於你實現願景。你的主控力越好，你擁有的權力就越多，也因此可以和他人分享——雙贏局面——並增加你的影響力。

要預期在典型的一天或一週內，你會被迫脫離主控力，而且當下就有機會重拾力量，透過積極實踐本書中的方法，你失去主控力的次數將減少且變得較不強烈——你將建立起更快重拾主控力並維持得更久的肌肉記憶，不妨將維繫（以及拿回）你的主控力作為你的生活目的。

◆◆◆

現在該讓你感受一下自己處在什麼樣的起點了，你可以先做兩個練習。首先，花一分鐘想想你生活中某個讓你感覺失去主控力的時刻或互動交流，留意你在身體的哪個部位感覺到那樣的情況，還有你當時的念頭，以及你忍不住採取的行動。這是一組可讓你知道自己脫離主控力的好線索。

接著再花一分鐘，想想某個讓你感覺主控力十足，或能掌控情況、處理當下局面的時刻。留意你在身體的哪個部位感覺到這樣的情況、和它相關的念頭，以及你忍不住做出或曾作出的反應，你希望這能成為你的新「安全基地」。

持續下去，你會留意到自己何時失去了主控力，懂得如何發現自己仍然擁有主控力。失去主控力是一種人盡皆知的體驗，很容易變得老套——你可以覺察到它的早期警訊，說聲「OOPs」[5]來迎接它，並讓它成為一種提示，提醒你使用本書的方法來重拾主控力。

目前你在主控力方面的表現如何？你可以在本章摘要之後的「快速自我評估表」中回答問題，來獲得高等級的初步檢測。

如需全面評估你擁有（或失去）多少主控力，並獲得針對個人情況的建議，請上 www.inyourpowerbook.com 網站。

5. 譯註：out of power signal，斷電信號。

主控力實務：進入與脫離掌控

1. 擁有主控力是一種存在狀態，你可以脫離並重新進入。擁有主控力具有三個屬性：主體感、主權感和效能感，這些字眼對你意謂著什麼？

2. 作為人類，我們擁有三種容易讓我們脫離主控力的「出廠設定」：

2.1. 我們常專注於自己無法控制的事，**這會漏失我們的力量**。

2.2. 我們常按照個人化的未解決模式行事——我們在內心深處點燃一種對自己的懷疑或消極信念，這些東西會被重新啟動，導致我們作出個人反應。這種對自己的懷疑或批判使得我們將他人牽扯進來，好讓自己內心感覺有價值。這也使得我們很容易因為試圖透過改變他人和環境，來修復自己內在的某種體驗，因而**交出我們的主控力**。

2.3. 壓力反應往往讓我們變得短視，並採取錯誤的方法來解決失去主控力的問題，我們會忽略自己既有的權力。

3. 脫離主控力會形成惡性循環，而練習保有主控力則會形成良性循環。哪些情況會讓你陷入惡性循環？你在什麼情況下會／能創造良性循環？

4. 了解自己擁有和失去主控力時的信號，在兩種情況下，你分別在身體的哪個部位感覺到它，當時有些什麼念頭，很想採取什麼行動？

5. 請上 www.inyourpowerbook.com 網站，以進一步評估你握有或失去多少主控力，並獲取針對你個人情況的建議。

「你擁有主控力嗎？」評估表

I 在平常的日子裡，你感覺自己比較像「溫度計」或「恆溫器」？

1. 多半像溫度計，我只是回應、配合他人的情緒和行動。
2. 兩者皆有。
3. 我通常像「恆溫器」，我創造周遭的「天氣」。

II 你有多常作出情緒化反應，而不是深思熟慮地作出有意圖的反應？

1. 經常。
2. 有時候。
3. 很少。

III 當你受到某個情況的情緒劫持，你有多快平復心情，不再沉溺其中？

1. 我會整天想個不停，甚至持續好幾天、好幾週。
2. 我會想一整天，但接著就釋懷了。
3. 我會很快回復平靜。

IV 當你遇上不順心的情況，你有多常怪罪他人？

1. 我常怪罪他人，氣他們不肯作出改變。

2. 我會怪罪他人，但不久便會發現我可以從中學到東西。
3. 我懂得在任何情況中發現有利於自身成長和人生目標的因素。

V 你有多常擔憂別人對你的評價？

1. 我常擔心別人會怎麼看我。
2. 有時候我會擔心別人怎麼想，但其他時候我知道自己是誰，不會在意。
3. 我有自信，我關注的是工作或如何幫助他人，而不是別人的評價。

VI 你有多常因爲意見不受重視而覺得洩氣？

1. 經常——我常覺得有些話我說了好多次，但別人就是不聽或不照著做。
2. 有時候。
3. 不常——我懂得和他人進行有效溝通來讓他們了解我，並根據我的想法行事。

VII 你是否擅長設定界限、分享自己的眞相？

1. 完全不擅長——我心裡想著「不行」，嘴上卻說「好」。我會氣別人跨越我的界限，卻什麼也沒說。和別人分享真相讓我不自在。
2. 還可以，但只限於和相處起來舒服自在的人。
3. 我會設界限，盡量減少和討厭的人的互動，也會分享真相。我覺得很棒！

VIII 在重要關係中，你有多常因爲無法讓他人配合你的需要而感到困擾、沮喪？

1. 經常。
2. 有時候。
3. 很少。

將你對每個問題的答案所對應的數字相加，便可得知你擁有主控力的程度。

如果得分達到20分及以上，恭喜，你的生活大致上在自己的掌控之內，或許還是他人的絕佳榜樣、領導者和導師！

如果得分為16－20，表示你有許多擁有並保持主控力的經驗，但或許仍然感覺有很多無能為力的時候。你有很好的起點，有許多策略可以幫助你維繫主控力。

如果分數在15分或以下，表示你有很多陷入無力感的時候。我很高興你有機會學習許多策略來獲得並保持你的主控力！

CHAPTER

02

從失控到駕馭

「力量一直在你手上，孩子，你只需親自去發現它。」

——《綠野仙蹤》（*The Wonderful Wizard of Oz*）善良女巫／葛琳達（Glinda）

我想讓你睜開眼睛看看，你實際上擁有多少主控力。

人類心智的一個驚人特徵是，當我們有意識地專注在某件事情上，往往會對視野內的許多其他東西視而不見，哈佛大學研究人員針對兩組學生所做的一項著名調查證明了這點。一支黑衫隊和一支白衫隊被要求將籃球傳給同隊球員，接著另一組學生被要求觀看錄影短片，並數一數籃球在白衫球員之間傳遞了多少次，但要數清楚不容易，因為兩支球隊的球員不斷交錯移動著，因此觀看者必須密切盯著白衫球員。

許多人沒發現（根本沒看到）的是，一個身穿毛茸茸黑猩猩服的學生溜進了兩支隊伍當中，停下來捶了幾下胸口，然後又晃了出去。研究人員向成千上萬觀眾展示了這段短片，其中約有五成的人**完全**沒注意到那隻猩猩。更重要的是，沒看到的人大都不相信，甚至抱怨他們一定是看了不同的影片。研究人員解釋，「我們在視覺中體驗到的遠遠沒有我們想像的多……我們完全不會覺察到周邊那些不在我們關注範圍內的層面。」

失去主控力時你會變得**短視**，你太專注於出錯的地方，以致看不見許多能讓事情變得更好的可能性。

我想帶你來趟360度的豐富景觀瀏覽之旅，讓你瞧瞧目前你或許沒看見的機會，設想一下你陷入的某個令人沮喪的困境，想像你環顧周遭，看見許多道門扉，當你打開每一道門，都會發現一片新的視野。你將在其中找到許多理解自己處境的新方法，以及改善處境的成套新工具，這些入口正是我所說的主控力之門。

入口是「一種獲得或者做某件事的管道」，想想入口網站，它們給了我們接觸豐富知識和各種團體的機會。權力入口提供了讓我們擁有主控力的嶄新觀察、感受和行動方式。造訪這些入口能讓你從感覺渺小、充滿防衛的情境，轉移到一個感覺強大且目標明確的全新世界。

在本章中，我將扼要地為你逐一介紹這十二道權力入口，你將擁有一整套應對挑戰的技巧，**無論**別人的行為如何，你都能「表現自如」。

在任何情況下，當你發現自己開始失去主控力，問自己一個首要問題：「**我的力量在哪裡？**」獲得力量的關鍵是將注意力從發生在你身上的事——**他人**對你所做的事——轉移到**你**能做的事情上。把注意力轉移到你能控制的事情上，遠離你無法控制的事。

50%法則

在我的第一本書《壓力下的成功》中，我提出一個概念，許多客戶和讀者表示，這個概念讓他們大幅增加了對自己人生的掌控感。每當你處在困境中，要區分你能控制的因素，也就是**你的**50%，以及你無法控制的因素，也就是**另外的**50%。找出你能控制的那50%，讓自己不為另外的50%煩惱，因為那會讓你失去力量。

你可能會想，「理論上聽來不錯，梅爾尼克博士，但50%太樂觀了，我能控制的事頂多10%到20%！」或者你可能會想，「但我控制不了的50%才是問題所在，我怎麼可能不專注在上面？」那些在操場上霸凌你的人，看來你大概不會去追究他們的不良行為，放他們一馬。你或許想，「他們**應該**改變，他們應該承認自己錯了，他們應該停止那樣對待我。」

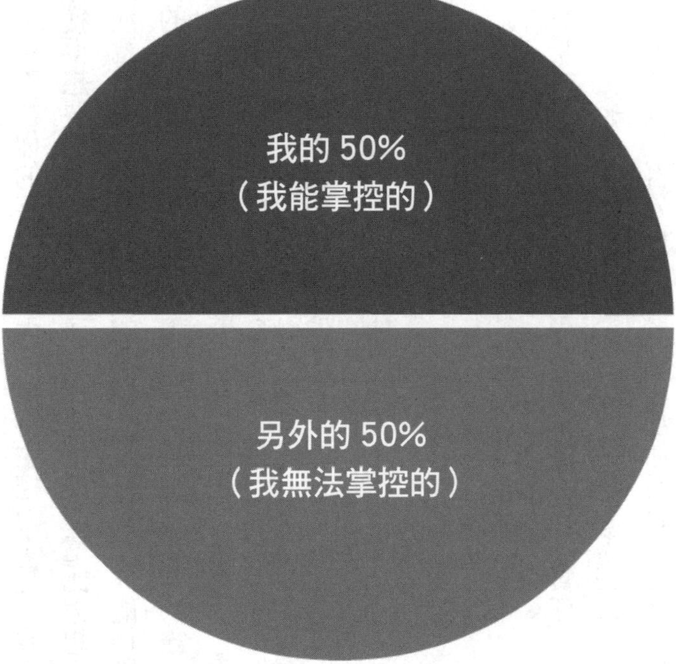
我的 50%
（我能掌控的）
另外的 50%
（我無法掌控的）

是的，也許他們應該，但他們可能做得到，也可能做不到。讓他們改變**不是**你的責任，也不在你的能力範圍內，擁有主控力**才是**。我想讓你了解，處理他們並不是讓你獲得想要結果的唯一方法，你能掌控的遠比你想像的**更**多。

把注意力從「你無法控制的事情」轉移到「你能控制的事情」，這並不等於向霸凌你的人屈服。在學校的操場上，老師通常看不到霸凌者最初的行為，他們通常只會在你作出反應時轉過頭來看。在你人生的操場上，你的工作評估、影響力和心智健康全都取決於你作出的反應，**當你擁有主控力，你的反應會爲你，也爲霸凌者和操場上的每個人創造新的條件**。

你永遠可以控制你在任何情況下的反應，所以說「50％法則」也就是：

在50％範圍內做到最好。

意思是，為你的50％範圍內的事承擔100％的責任。把時間和精力投入到你能控制的事情上，如此才能發揮最大效能（完美主義的朋友：我不是鼓勵你當個控制狂，因為那就變成百分百掌控了）。當你面對不公平、歧視或有害的情況，專注於自己的50％並不是說範圍以外的狀況都不重要，還是必須加以改變，要嘗試究責，而將注意力轉移到你可以個別控制和共同引導的事情上，能引領你達成這個目標。

設想一個讓你失去主控力的艱難情況，以及其中你能控制和無法控制的事，然後拿一張紙，畫一個中間有一條水平線的大圓圈，接著在直線上方50％範圍內寫下你能控制的事，在直線下方寫下你無法控制的事（另外50％），這個練習能將你的注意力導向你能控制的事。我聽很多參加培訓的人說，這方法真是一大解放，它是一種熱身，能讓你在既有的可控事物中發揮豐富的創造力，在這十二道權力入口，你都能找到你想擁有的全部創造力效果。

前六個入口可以幫助你「找出個人事項的優先順序」，以便獲得主控力，後六個入口將充分利用你在前六個中建立的精準度和自信，它們將幫助你和其他人共同運用你的力量來改變動能，讓事情變得更符合你的期待。總的來說，這些入口能幫助你**獲得主控力**，賦予你**人際**權力，並教你找回自己**主控力在握**時的力量。在每個入口中，你都將讀到像你這樣的專業人士的故事，他們都曾陷在困境中，卻利用門中的策略在組織或行業中創造巨大的勝利，並從困擾他們多年的模式中獲得解脫。

入口1：精準（Precision）

為了克服失去主控力的狀況，你必須清楚了解你想要的未來，**以及**你在其中扮演的角色，並在無能為力的迷霧中，宣示自己想要擁有什麼動力來開啟人生新篇章。在入口1，你將把你想要的結果加以量化，然後找出你的地平點（Horizon Point）——你該以**什麼樣的面目現身**，以便實現預期的結果（因為**這**是你能控制的）。

這種釐清自己想成為什麼樣的領導者／貢獻者／合作者的概念，會讓你成為一個主動而非被動的角色，若能以這種方式現身，就會立即讓你擁有主控力，因為你選擇了這個角色，當你體現了這樣的情況，就表示你已**照著自己的主張**參與了互動，你還將界定該如何引領他人獲得**他們想要的**目標，同時又能幫助你拿回主控力的雙贏結果。

入口2：視角（Perspective）

你大腦的運作方式和 LinkedIn、Facebook 或 TikTok 等網站的演算法驚人地相似：無論你有什麼想法，世界都能帶給你多不勝數的類似體驗，不同於那些演算法的是，你可以掌控大腦的訓練方式。

你將了解許多可以過濾、決定你對任何情況的理解的心理機制。首先你將學著提出一個問題，這問題可以根據需要，將你的角色從受害者翻轉成勝利者；你將找到內在的許多經研究可以獲得主控力的信念和心態，以及一些讓你陷入狹隘視野的固有認知偏誤；你將不再將自身處境視為局限性的問題，而是開始看到無限的解決方案。

你將透過新的多重鏡頭來看待自己面臨的挑戰，每個鏡頭都會從你當下的困境中淡出，開始對自己和他人之間的狀況作全方位理解，並以宏觀的視野（例如人類歷史和行星走向之間的相關性）結束。這些觀點就像將化學溶液倒在隱形的魔法墨水上，潛在的問題和格局更大的解決方案都將一一浮現。

入口3：生理（Physiology）

失去主控力的情況會導致情緒被劫持，無論你是被激怒還是情緒低落，如果沒有工具來解決你的情緒反應，你將把這種失常狀態帶入下一次會議（或第二天，甚至接下來十年）。你將學會控制情緒並迅速恢復，擺脫激動或消沉的狀態；你將學習一套實用心法，以迅速找回平靜和清楚思考的能力，而不會繼續在腦中重演惱人或有害的情節。

你將學會運用你的主體性來選擇快樂和喜悅，而非憤怒和失望。當你以這種方式積極滿足自己的需求，也會激發其他人想要滿足你（也滿足他們自己）的需求，進而提升你身邊的每一個人。

入口4：目標（Purpose）

脫離主控力時，你便交出了權力，因為你和你的目標之間的連結被阻斷了。你的目標是讓你充滿幹勁的東西，它是你可以隨時利用的動機和活力的來源，和它連結可以立即將你從心理漩渦中解救出來。你將學會辨識自己的目標，並甩脫小賽局，全力為實現你的目標而行動。當你不再想著「我憑什麼……」或注意別人對你的期待時，你將學會玩你的大賽局——也就是你**在此**所追求的人生和工作目標。它將賦予你能夠激發主控力的滿足感和影響力，並使你擺脫他人的評價。

入口5：心理（Psyche）

是什麼讓你失去主控力？每個人的內心都有火種，這些火種來自先前類似主題的經歷，而且可能以一個疑問呈現：「我夠好嗎？」或者一種信念：「我不夠格。」當下處境是一根點燃火種的火柴，讓你作出防衛性反應，覺得事情是針對自己，而且久久無法釋懷。這就是個人**陷阱**，讓你容易脫離主控力的核心原因。

只要你內在有這個軟弱無力的地方，他人的行爲和外在環境就可以在沒有你的許可或毫無預警的情況下把你送到那裡。

你將了解你為你的人生發展出這種敘事的**眞正原因**——不是流行心理學所說的，也不是因為你生活中的種種經歷。你將修改敘事，而且能夠講述一個關於你人生的、強而有力的全新故事。

如果你意識到自己的爆發點，但又似乎難以跨越，你將學會許多超越這些往日經歷的方法，並活得多采多姿、充滿故事。

入口6：專業（Proficiency）

有時你可以透過完全在你控制之下的方式，改變你在失去主控力時所得到的結果，因為這關係到你本身的技能和專業知識。你將策略性地運用你的知識，來影響那些忽視或破壞你才能的決策者對你的看法。發揮自己的專長可以為你帶來安全感，無論面臨什麼挫折與挑戰，你都能控制你的目標和人生計畫的實現。當你顯示出，你可以對他人的成功作出有價值（即使並非不可或缺）的貢獻，你將受到歡迎、沒人敢碰你，就算你對自己的能力存有懷疑，那也傷不了你。

入口7：說服（Persuasion）

我們感到無能為力的一個常見原因是，我們無法讓某人接受我們的想法，或者照我們的要求行動；我們責怪對方固執，但實際上或許是，你施加影響時可以再加把勁。你將學會對決策者和互動夥伴的心思進行X光透視，進而釋放他人的能量來支持你的想法並幫助你發揮自己的力量；你將學會五種絕密方法，可以讓你策略性地傳達你的要求，讓他人共同加入你的願景，將所有的「不」變成「好」。

入口8：合作夥伴關係（Partnership）

當我們無法讓他人來幫忙解決我們遇上的困難，我們就會一直處在脫離主控力的狀態；我們會不情願或害怕提出問題，因為我們不知道該說什麼或者該怎麼說；或者我們已經嘗試了許多無效的方法，以致大家的想法更確定，然而提起它的選擇卻少了。

我分享的這些權力入口架構可用來提出爭議，並讓人了解，助你解決問題也關係到他們的利益，進而激勵他們和你共同尋找雙贏的解決辦法。當你以管理者的心態處理僵局，主導一個讓所有人受益的過程時，將會感覺無比強大，同時學會有風度地處理問題。

入口9：保護（Protection）

即使難解的問題確實出在他人身上，而且你也已經試過運用權力卻效果有限時，你**依然**可以保護自己，對方可能會指責你，但你不必**接受**。

你將學習一整套廣泛的策略，來確保他人的無知、輕率或惡劣行為不會影響你或把你擊垮。保護形式包括設定界限和屏障，用你想要的方式進行互動，能夠繼續參與而不會吸收該情況的負面影響。

其中有一段特別介紹了一系列應對自戀者或喜歡批評、撒謊者的策略（如果你已經喊著「我現在就要看！」然後直接跳到那段，記得看完後要再回頭繼續閱讀本文，因為書中的策略都是環環相扣的）。

入口10：強大的真相（Powerful Truth）

強有力的真相能將你的真誠可靠和人情味提升到一個新的層次，使得你周遭的人必須用一種新的參與度和急切感去關注你。真相會引出你想要和需要的東西，讓你的想法感受和言行取得一致。它使用你的聲音，讓未說出口的東西變得具體。當你沒有分享強有力的真相，將會深深懊悔錯過了機會。

你將學習何時、如何分享你的強大真相，來讓他人和你共同採取行動以超越現狀；你將學習將憤怒轉化為策略性的情緒表現，以及應對、抵消微攻擊的方法；你將從無數例子中得到啟發，用你的聲音來對他人究責，並呈現出最好的自己。

入口11：人（People）

一旦你自己有了可靠策略去找到力量，其他人便可發揮重要的輔助作用，幫助你重拾主控力並保持下去。有時候我們和自己的內在資質脫節，**需要**外在的支撐力量來讓我們回到自身，而可靠、有愛心的人能幫助我們讓肉體鎮定下來，從羞辱中平復。人們會向你反映你遺忘的自我高貴之處，它的作用在面對契合的人時尤其顯著。這道入口具有拓展人脈的實際作用，能引導你、贊助你，以拓展你的視野，擴大你的影響力。

入口12：位子（Position）

我們常認為我們在職位上擁有的權力，是由工作的職責範圍所界定，其實我們在任何特定職位上所擁有的權力，往往比我們了解、掌握的更多。你將讀到許多優秀的案例，教你如何善用被你忽略的既有權力，讓你的團隊或組織創造出更好的成果；你將學會利用自己作為一個主控力十足的人來擴大他人（包括贊助者和盟友）的影響力。同時，你的職位所具有的部分權力，也是為了發展、利用你的平臺來延伸你的聲音，並照著你預期的方式向外展開行動。

◆◆◆

如何進入權力入口

你是一股充滿創意的力量，而且了解自己有豐富的選項可以重獲主控力，能將令人氣餒的情況變得有利於你和所有人。一旦熟悉了所有權力入口，你便可以尋找你最需要的入口然後立刻走進去。但一開始你可能會有點手足無措，因此我建議你按照預定順序閱讀本書來學習和練習這些技巧。幾個重拾主控力的入口可以為你的人際交往能力奠定堅實基礎，而這些入口雖是不同單元，但彼此互有關聯，相輔相成，可以讓你處於良性循環。儘管如此，如果有些入口對你極具吸引力，並能讓你立即解決當下困境，那就立即閱讀它們沒關係（但記得回頭來依序看完其餘部分）！

想必你心中對於**你**可以如何獲得主控力已燃起了無限希望，就讓我們進入第一道門吧。

主控力實務：從失控到駕馭

1. 敞開心胸接受一種可能性，就是在任何情況下都擁有比你目前所見更多的權力。你可以從做一份權力清單開始——列出目前你自認擁有主控力的所有面向（然後我們會把它和你讀完本書後列出的清單進行比較）。
2. 在任何重要的互動中，先自問：「我能掌控什麼？」專注在每次互動中你所能掌控的50％。把50％圖表應用到你的某個艱難情況：「你能立即掌控的50％是什麼？另外那50％中含有哪些要素？」
3. 讓50％法則成為你的真言：在這50％中做到最好！
4. 十二道權力入口揭示了新的看待、感受事物和行動的方式——在任何你失去主控力的時刻；你可以穿過這些入口的其中一個或數個，來恢復冷靜自信並主導新的解決方案。
5. 最好按照預定順序來學習並練習這些實務，但如果其中有些入口對你極具吸引力，不妨立刻跳讀（等你應用了在那裡學到的東西後，記得回來繼續閱讀其他內容）。

第二篇

主控力之門

IN YOUR
POWER

CHAPTER

03

精準：從被動到積極

「你命中注定成為什麼人，由你自己決定。」

——美國散文家／愛默生（Ralph Waldo Emerson）

我們花一輩子追求各種東西，卻往往不清楚自己要什麼，失去主控力時尤其如此。在緊要關頭，我們的第一個念頭是脫困，你心中哀求著：「快讓他們住手吧！」

每當遇上力不從心的情況，擺脫困境並推動事情往前進的第一步是：釐清你想要什麼結果。將眼界重新聚焦在你尋求的正向結果上，能打破占據你大腦的壓力反應，這種反應讓你只顧著關注情況中接連不斷的問題。你甚至可能失去對更好未來的憧憬，腦裡盤踞著「這感覺回不去了」之類的念頭；你根據當下的感受想像未來，預想了不樂觀的結果：「我幹不下去了，只好走人。」

為了甩脫無力感的漩渦，你必須對自己想要的未來，**以及**你在其中扮演的角色有清楚的了解。在精準度的入口中，你將建立這種明確性，了解如何依照自己的方式參與各種情境。

突破無力感困境的三個問題

我向那些感覺陷入困境的客戶提出的第一個問題是：「如果你魔杖一揮就能改變現狀，你想要什麼樣的結果？」他們通常會回答：「好問題！」這表示，他們沒有把注意力放在這上頭。有個跡象足以顯示你仍處在壓力循環中，那就是你很難看見問題以外的東西。

我接到柏（Bo）的來電，她詳述了她在金融科技公司經歷的歧視行為，當她提出問題並舉出具體案例時，她遭到了否認。可想而知，她覺得無力解決問題，於是聘請我幫助她處理這個局面。當我問她魔杖問題，她給了我一長串她上司的劣行，同時列舉了一長串她的成就，她的績效累累竟無法得到認可，太令人費解了。

她似乎急於爭取認可，或要她的上司為自己的行為負責，但我繼續努力傾聽，想知道**她真正**要的是什麼，於是我又問了一次。

她想了想，確定自己並不想抗爭，反之，她只想很有風度地離開。專注於自己**真正想要**的東西有助於她找到健康和內心的平靜，她明顯感到如釋重負，肩膀放鬆，臉上肌肉也變得和緩。這種明確性立即打破了她幾個月來的心理螺旋，而我們的討論重點也轉向如何建立她的團隊來獲取持續的成功，並確保他們了解她對他們的關懷。我們還討論了她在尋求新職位時該如何保護自己的聲譽並展現她的貢獻，精準度的入口讓她開始了解到下一步該怎麼麼。

當你回答魔杖問題時，你會立即推翻大腦受到的情緒劫持，用額葉[6]的解決問題能力取而代之。撥開迷霧是擁有主體感的第一步，它為你提供了一個可以調整你的GPS來定位的目的地，你將發現，各種關於你能採取的可能步驟與構想開始浮現。

練習時，你可以把這問題「從好變成極好」，而激發精準力量的第二個問題是：「我能達成什麼樣符合所有人最佳利益的成果？」這個問題能助你發現所有可能受到該困境影響的人，從這個展開的視角中，你可能會發現更多改善情況的方法。你越是努力尋求一個符合他人期待的結果，就越能激發他們的能量，這時你便可開始實現將自身權力化為向善力量的想法。

一個絕佳範例就是獲得諾貝爾和平獎的曼德拉（Nelson Rolihlahla Mandela）[7]，一九六二年，他因努力為南非黑人爭取平等自由而被關押在條件惡劣、配給不足的羅本島。一九八五年，曼德拉拒絕了時任南非總統波塔（Pieter Willem Botha）[8]的釋放提議，因為該提議並未針對政治制度改革作出重大承諾。曼德拉渴望獲釋，但他知道自己代表什麼。他在獄中發表聲明，解釋說：「我非常珍惜自己的自由，但我更關切你們的自由，」指的是他的南非黑人同胞。「如果波塔真心希望南非的持續動盪獲得政治解決，政府就該讓非洲民族議會[9]合法化，允許自由的政治活動，並致力於結束種族隔離。」

我在南非之行中參觀了羅本島監獄，目睹了曼德拉經歷的嚴酷生活條件，倘若當年他關注的是個人後果，他應該會選擇被釋放的安逸。他對每個人在其中的利益有清晰的憧憬，這成了推動談判的強大槓桿，最終實現了所有的目標，並產生了一部新憲法，導致他後來的出獄，以及後來當選為南非第一位黑人總統。

你或許不習慣訓練自己提出「什麼最符合所有人的利益？」這種問題，但你可以看出這種明確性是如何提供了一個前進的願景，同時集結他人能量，成就夥伴關係。

6. 編註：位於脊椎動物的腦的前半部，在人類大腦中，比起其餘腦中的「葉」，這是最大的一部分，而有些動物的腦幾乎不存在額葉。這個結構和人類語言的形成、語言表達、自主意識以及隨意肌的控制有關。
7. 編註：一九一八～二〇一三，南非反種族隔離革命家、政治家及慈善家，一九九四年至一九九九年間任南非總統，是第一個由全面代議制民主選舉選出的南非元首。
8. 編註：一九一六～二〇〇六，是南非政治家，外號「大鱷魚」，於一九七八年至一九八四年間任南非總理，一九八四年至一九八九年間任南非國家總統，是南非種族隔離制度的堅定維護者。
9. 編註：African National Congress），簡稱非國大（ＡＮＣ），是南非目前最大的政黨。

試想你正面臨的一個令你不知所措的情況，並回答（1）如果你能一揮魔杖就改變現狀，你想要什麼樣的結果？以及（2）你能努力達成何種符合所有人最佳利益的結果？

一旦釐清了前進的方向，第三個問題會開始讓你有一種朝著結果邁進的掌控感，在可掌控的50%當中，你能掌控得最好、也是最終的**一件**事是什麼？沒錯，就是你以及**你**扮演的角色。第三個問題是——

你需要扮演什麼人，來讓情勢朝著你的目標發展？

藉由這個問題，你加入了你在推動自己和所有人朝著目標前進時，所能扮演的角色元素。成為恆溫器的機會來了！在陷入無力感困境之前，擁有一個可以清楚傳達的意圖會很有幫助，因為萬一情況失控，它可以幫助你定下心來。

我將這概念稱為你的「地平點」，它扼要但精準地描述了，你為了讓自己專注於既定結果所該扮演的角色。如同它的字面意思，你的地平點是一個視覺焦點、一個定錨，它宣告了你想以什麼樣的角色現身，藉此表達在處境中的意圖。就像充滿了人和內在突發念頭的日常生活，天空中會有許多需要迴避的亂流、風暴和空運，而你就是飛行員，能夠用手中的方向盤來導正航向，達到你要的結果。

空中導航專家有一條經驗法則，叫做「六十分之一規則」（1 in 60 rule）：飛機每飛行六十海里，一度偏航角會導致一海里偏差距離，一架偏離航線一度的飛機從美國的一邊海岸飛往另一邊海岸，將會降落在偏離機場五十哩的地方。你可能在無意中，以一種偏離你該有角色「幾度」的面貌出現，結果錯失了你想創造的感知，或無法作出你此生應有的貢獻。

要設定地平點，你需要列出兩個清單，所以拿出你的筆記或電子裝置吧。在左側列出**你想展現**的個人特質和優點，思考你想加入並擁有的、能感染他人的超強能力和任何長處，例如像這樣：

冷靜

自信

擅長合作

積極正向

在右側列出你的角色所需的特質，詢問自己：「組織、團隊（或家庭）需要你有些什麼表現？」也許你可以拿出你的職務說明，看公司如何描述各項要求。如果你從事服務業，不妨想想你的客戶對服務業者有些什麼基本職務以外的要求，好讓自己脫穎而出；如果你想改善個人生活中的某個問題，想想你的配偶、家人或社區需要你做什麼？清單可能會像這樣：

問題解決者

領導者

善於溝通

有見識

富戰略思維、有遠見

想在失去主控力的會議中，回想你寫下的這些東西並不容易，你總不能說：「各位請稍等，我得找一下看書時寫下的一張小紙條。」反之，你必須抓住整個意圖的精髓，以便輕鬆將它記住。

你要找的地平點就位在這兩列清單的最佳交會點，既能發揮你的天生優勢，**又能**反映出你在困境中展現自己角色的智慧。為了讓它便於使用，你可以將兩列清單歸結為一句可以抓住融合了這兩種意圖的精髓的簡潔短語，這句概括性短語或許無法涵蓋你寫下的每個字，但必須能反映問題的真正核心，它可以涉及一種意象，或者你身體的某種真實感覺。

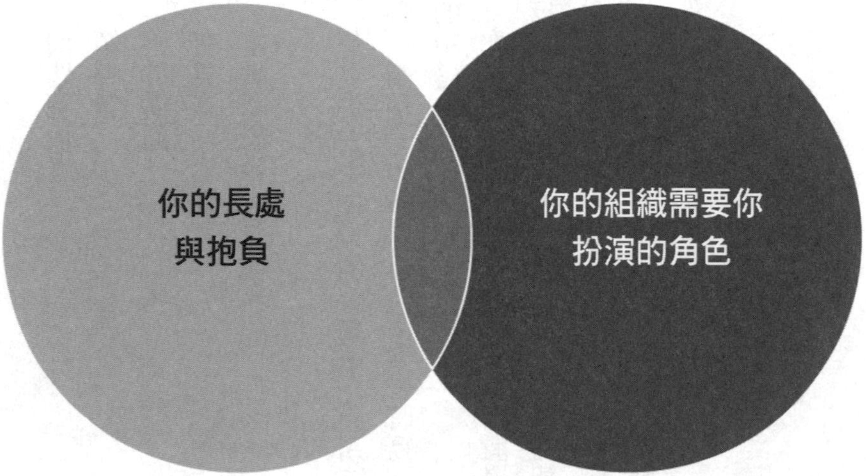

珍琳（Jeannine）是一家正在進行營運改革的、國際時裝公司的供應鏈主管，創意設計師和供應鏈人員在選用材料時，因為利益衝突會產生許多摩擦，在缺少執行長掩護的情形下，珍琳在管理團隊會議上感覺不被支持而且遭到人身攻擊，並對改革過程的接受度不足感到沮喪。她在工作中變得暴躁，還把壓力帶到和丈夫共進的晚餐上，她準備辭去工作。以下是她的兩份清單的重點，她希望表現出：

理性，不易激動；
做個超越衝突的積極合作者；
做個冷靜穩重的榜樣，
以及能引導他人接納改變的人。

她的概括性短語是「沉著自信的變革推手」，當她遇上惱人的狀況時，她會問自己：「沉著自信的變革推手會怎麼做？」她告訴我，這居然讓經歷供應鏈變更的種種紛擾過程變得相當有趣。透過精準掌握自己該扮演的角色，她能夠保持冷靜並抓住重點，她成了幫助團隊主管們接納改革的重要人物。兩個月不到，執行長在一次高階主管會議中讚揚了她的領導才能，然後提拔她擔任領導母公司轉型的全球性職位。

展現你的地平點會讓你變成**有意圖的，而非被動反應**。在力不從心的情況下，轉移能量的一個最快方法就是展現出你的地平點，因為這時你是依你自己的方式參與的。那些和你互動的人會**立即**注意到，因為**你以這種方式看待自己，別人也會以你希望的方式來看待你**，這將讓你贏得他們的尊重和支持。

如果你因感覺自己的才能未被重視而處於無能為力的境地，你的地平點會有助於提升決策者心中對你的觀感。你可以把你的問題從「什麼最符合所有人的利益？」調整為「決策者會期待在我身上看到什麼？」然後把答案作為你的意圖。

麗莎（Liza）參加了我的一個在職人才的訓練課程。

她是一家生技公司的能幹經理，但兩次升遷都被忽略，她感到不被支持，不受尊重，不知該如何讓上司給她更激勵人心的工作以及升遷。她原想離開公司，但轉而經歷了找出她的地平點的過程，她希望表現出的特質是：

自信
爲患者作出更有意義的貢獻
意見被採納
從事更激勵人心的任務

公司對她的需求清單是：

具戰略性
有成效
有影響力
帶來新構想

她選擇的短語是「具戰略性的影響者」，這就是她想成為的人！我建議她在每次會議之前問自己：「我如何能成為一個懂戰略的影響者？」而她用「我的戰略性建議是……」之類的語言來支持她的地平點。她分派到工作，並制定了一個擴展現有產品的計畫，很快地，她的影響力擴大了。

麗莎花了至少十八個月，努力讓上司看見她已準備好更上層樓，如果上司沒看見的話，她照例會覺得氣餒；但相反地，應該用你希望別人看待你的方式來看待**你自己**才對。一旦擁有主控力，**你**可以由內而外控制別人對你的看法，你也可以決定關於你的敘事。三個月後，上司找她開會，說麗莎變得極具戰略眼光，而且她的構想引起了騷動，上司還告訴麗莎，已經提出她的升遷案，儘管距離下一輪人事調動還有六個月。

地平點短語有助於你在情緒激動的時刻想起它。它為無意識創造了一幅畫面，壓制了你的無力感反應。當你的行為成功地和你的地平點保持一致，你會體驗到腦內化學物質多巴胺的短暫激增，這強化了當你處在你為自己選擇的那個平衡踏實的位置的美好感覺。正如詹姆斯·克利爾（James Clear）在他的暢銷書《原子習慣》（*Atomic Habits*）中所說，每當你「展現出你的地平點，就像為你想成為的那個人投下一票。」你將開始將這種意圖吸收到你的自我形象中，進而能夠在每一個新情況下，更輕易、更無意識地以這種方式表現自己。

你可以用你的地平點意圖來提醒你將注意力從個人困境中轉移，成為一股向善的創造力。塔夏．紐瓦（Tushar Nuwal）是一家製藥公司的業務開發主管，身為領導團隊成員，他的職責是透過戰略夥伴關係和合作來發展公司及其產品組合。當一些探索性討論開始提到建立公司本身的商業銷售和行銷基礎設施，塔夏面臨了挑戰，認為屆時自己的角色可能被大幅削減或淘汰。

就像人在這處境下會有的反應，他感到焦慮，而且一開始將這種情況解釋為：「我沒有受到重視。」他很想作出激烈的回應，但他將目光轉回到自己的地平點，也就是「擁有高情商的全企業領導者」。

這使他能夠重新振作，不再擔心自己的功能性領導角色，而是考慮如何透過服務整體企業的需求，來讓自己變得不可或缺。當他「張開耳朵」去接觸相關單位，他聽到一個他可以幫他們達成的需求。他要求他的團隊將所有能實現長短程最佳價值的新產品商業化方案加以整合，然後召集一群企業內領導者提出一項計畫，展現了他在整個企業範圍內的領導力。

塔夏接著提出結合了各種商業化選項的企劃案，包括他的替代建議。管理團隊很贊同該提案，塔夏不僅鞏固了他的領導，提高了他的地位，還為整個公司帶來了價值。到了年底，執行長向他表達了非常欣賞他的主動精神，以及在整個企業中的工作方式。

領導者可以利用地平點概念來幫助建立團隊文化，在我指導的團隊領導者中，經常有人問我：「如何能**讓**我的團隊成員更投入、更有動力？」我有一長串實現這目標的方法，但我必定會問的第一個問題是：「**你需要成爲**什麼樣的人，來讓你的團隊成員積極主動地投入？」我們往往過於專注於要別人改變，卻忽視了自己扮演的角色，首先要確認自己需要成為什麼樣的人。

例如，傑琪．法蘭克（Jackie Frank）是一支抵押貸款經紀人團隊的資深副總，在單打獨鬥多年取得成功之後，她在最近招聘了她的團隊，而且對於新員工所犯的錯誤、以及他們沒有付出足夠努力的現象感到沮喪。

她開始密切關注他們的不足，不斷想著「他們為什麼做不到？」和「他們為什麼不去做？」她了解自己在設定工作風氣和架構以及安排訓練他們進行新業務方面起著重大作用。她將自己的地平點設定為「冷靜清晰的思考者」，這使她能夠採取一種有耐性、有條理的方式，來教導員工關於爭取新客戶和迅速取得抵押貸款許可的所有細節。這年，他們的業績成長至350%。

我想要展現的特質和優點：	我的團隊／任務／客戶／家庭需要我表現什麼：

列出清單後，仔細加以檢視並挑出你認為最重要、足以描繪你想呈現的角色的幾個字眼，關於公司、伴侶或孩子對你的要求，找出對他們來說最重要的事。列表中可能有些重複的字眼和短語，例如「自信」和「有信心」，請在其中選擇一個最能引起你情感共鳴的寫上去。

接著，將清單精簡成幾個字，嘗試各種組合，想出一句讓你有感的短語。這能讓你精神一振的，有時只是需要一點措辭功夫！不必太費心思，今天就開始進行，讓它醞釀一下。你的地平點可能會隨著時間而演進，你可以留個空格，直到你找到合適的短語。是的，你可以免費使用我分享的客戶故事；是的，你可以分別為你的職場和家庭生活設定一個地平點。

「你在地平點的角色」：

你可以在你的概括性短語上發揮創意。如果你想用不同風格來表達自己的意圖，儘管去做！例如，我有個擔任個人發展教練的客戶夢想著參加歐普拉脫口秀，但又覺得自己在專業領域中不夠出色。她的關鍵句是「歐普拉[10]女孩！」透過每天有意識地利用自己的正向經歷，她在自己的舞臺上取得巨大發展，而且成為受歡迎的媒體主持人。

10. 編註：指 Oprah Gail Winfrey，一九五四～，美國脫口秀主持人、電視製片人、演員、作家和慈善家，時代百大人物，也是美國最具影響力的非洲裔名人之一。

你是否好奇我的地平點是什麼？對我來說，一個字便足以概括一切：「提升」（uplift）。實際上它的動感超越了文字，我體驗到一道白光圍繞著我，引導我在任何場景中注入更多人性，支持每個人（包括自己和他人）找到主控力。當我感到無力，它能讓我掙脫不耐、怪罪的情緒，推動我從自己的「善良面」行事。我的地平點使我充滿能量，這能量讓我知道自己可以成為一股向善力量，創造出我心目中存在於交流互動中的世界。

讓地平點融入你的每一天

你已經提出你的地平點宣言，但現在的問題是，如何讓它成為你的第二天性，即使在你感覺力量開始流失的情緒激動時刻，都能將它展現出來。首先，你不能只是將地平點宣言寫在小紙條上，然後寄望它能融入你的生活，你必須體現它。

所以現在，想想你打算在你的地平點成為什麼人。然後「上傳」那個人的能量，換句話說，現在就「成為」那個人。透過你的所有感官成為那個版本的你，當你這麼做時，留意一下你會自然地做些什麼來變成那個人。你改變呼吸了？你對自己說了什麼？你改變姿勢了？當你那麼做時，是否想起了過去的某段記憶？記下這些感官接入點（access point）都是些什麼狀況，因為你可以有意識地利用這些提示**隨時**進入你的地平點狀態。有個方法或許會有幫助，就是想像你正向一個演員說明如何表現出你的地平點，此時你會如何指導他？

接著讓我們更進一步，好讓你確切了解該如何行動。使用日誌來了解你想成為的那個人，嘗試每天寫下或思考一個問題，例如：你穿什麼？你怎麼走路？你和你的同事和朋友談論什麼？你開什麼車／乘坐什麼交通工具，或者你住在哪裡？哪些想法在你腦中占有優勢？什麼是你能容忍的，什麼是你無法容忍的？你希望今天能牢記在心的一個小願望是什麼？你每天都能持續堅持的最大願望是什麼？脫離主控力時，你會如何回應？去了解這個人物，練習以這個身分四處走動——甚至可以先在臥房裡演練一下，然後再到職場好好表現！

你還可以編寫在失去主控力時該如何應對的腳本，想想那些會惹惱你的人，然後設想當你處於地平點狀態時會如何回應。彩排一下這種回應方式，當它實際發生時你會更容易執行出來。

你的地平點賦予你所有權，允許自己擁有你想要的東西，好好享受你的地平點身分，以及你扮演那個人所創造的各種成果。

讓表現地平點身分成為你的生活新目標，你只要在忙碌的日子提醒自己去做，所以簡單得很！在電腦上貼一張寫著你的地平點宣言的便條紙；拍一張代表你想扮演的角色的照片，把它設為螢幕保護程式或放在皮夾裡；想想有沒有每次你瞥一眼，就會想起你的地平點的、類似圖騰一樣的東西，把它放在你的辦公桌或廚房流理臺上。

在發表演說、和客戶或潛在客戶會面之前，或者坦率地向某人表示當下情況讓我感到很無力的時候，我都會上傳我的地平點，這種意圖將我和提升的能量連結起來，讓對方也能從我身上感受到它。一旦處在地平點的亮光中，如果想確保能繼續待在那裡頭，有個好方法，就是改變視角，也就是下一個權力入口。

主控力實務：精準

1. 回答三個問題來幫助自己了解，在失去主控力的情況下，你會想要什麼結果。「如果能揮舞魔杖改變現狀，你想要什麼結果？」接著把問題擴大為「什麼結果最符合所有人的最佳利益？」來釋放他人的能量。
2. 問自己：「我需要成為什麼樣的人，才能讓事情朝著預期的方向發展？」這便是你的 Horizon Point。專注於地平點能幫助你有意識地，而非被動地展現你想扮演的角色。
3. 透過練習來確定你的地平點——你想扮演的角色以及組織／任務／家庭對你的需求之間的最佳交會點。用一句簡單好記的概括性短語捕捉地平點的精髓。
4. 將地平點上傳到你的全身。留意你做了些什麼來成為那個人。你可以視需要在失去主控力的情況下進入地平點狀態。
5. 你在地平點扮演什麼角色？（你可以到 www.inyourpowerbook.com 網站地平點宣言資料庫尋找靈感並上傳你的宣言。）

CHAPTER

04

視角：從受害者到創造者

「沒有任何問題可以在創造問題的同一意識層次上獲得解決。」

——物理學家／愛因斯坦（Albert Einstein）

「我剛和我的上司見面，她最近拔擢了我的兩位同事，但沒有拔擢我，其中一位進公司還不到一年呢！」

妮琪（Nikki）有充分理由認為自己得到了升遷，她負責建立一套新的用來追蹤公司多元共融[11]表現的視覺圖表，此舉得到高度評價，讓人資主管對她讚賞有加。她帶頭的人才留任措施也獲得管理高層的讚揚。但她的上司對她說，她還沒準備好擔任下一階段的高級主管職位，這讓她不禁懷疑起自己。「我開始質疑自己的價值和努力方向，我在想也許我真的不夠好。」

也許你能體會妮琪的感受，當你的表現顯然很優秀，甚至比你的同事更優秀，卻沒能因此獲得適當的升遷，你會覺得自己被低估。這是她第二次錯過升遷，她感到困擾而氣憤。

「為什麼我的上司會提拔經驗不如我的人？為什麼這種事會發生在我身上？」

當糟糕的事似乎不斷發生，我必定會問一個可以讓我重拾主控力的問題。我鼓勵她思考這個問題：

也許這事是爲我而發生（happen for me），而不是發生在我身上（happen to me）？

這問題會立刻將你的注意力轉移到你能控制的事，以及該情況能提供給你的機會上。

11. 編註：DEI（Diversity, Equity, Inclusion），意指多元、公平及共融。

「我的所有負面念頭逐漸消散，想到事情是為我而發生，讓我了解到我可以從中學到一些東西。我可以因此成長，我應該趁這機會尋求轉變而不是停滯不前。」

她開始接受事情的發展也許是我所認為的「來自宇宙的提示」，顯示她的才能和現有的角色兩者已不再匹配。我提醒她進一步檢視這件事**爲**她而發生的可能性：之前她把自己何時準備好升遷的所有決定權交在她的上司手上，她決定收回這權力。她遺憾沒能晉升的職位其實不是她真正想要的，她想要**更多**。她相信自己已準備好擔任副總等級的職位，這將使她能夠利用自己的才能和思想領導力，對公司整體文化產生變革性的影響。目前，她正處於副總和人資主管職位面試的高級階段。

「我知道就算我到其他公司，也會有類似的人事紛爭，而且職位越高，政治鬥爭就越厲害。所以，對我來說，經歷這件事其實是件好事。」

最後她總結了她的視角變化，「如果事情是發生**在你身上**，你就是受害者。如果事情是**爲你**而發生，你就是勝利者。」

在視角入口中，你將了解到，我們都有權力有意識地從不同角度看待困境，接納可能顯露的更深刻的真相。和妮琪一樣，你可以用一個念頭來轉換你的視角，然後，如同魔法，難堪、充滿阻礙的視野突然間變得遼闊且充滿可能性。

當你嘗試採取新的視角，感覺就像到眼科醫生那裡，透過一系列鏡片觀察事物。終於有一片合適的，瞧！你看清楚了。啊，感覺真好！透過新鏡片看東西帶來的清晰讓你鬆了口氣，讓你打從心裡感受到自己的新思維方式有多麼正確。這有助於你不斷提醒自己用新的視角來看待事物，直到它成為一種本能反應。你的生活將永遠朝著你最強烈、最頻繁的想法的方向發展。

汽車大王福特（Henry Ford）[12]有句名言：「不管你自認做得到或做不到，你都是對的。」人的各種信念有如大腦的執行長——它們設定了我們的人生方向，而且往往凌駕了理性證據，它們決定了對你來說事情是不是可容許或可能。你的信念是你藉以理解你的一切經歷的預設鏡片，無論你是否意識到，它們會影響你的所有的想法、情緒和行為。

久而久之，它們對你的控制往往因為確認偏見（confirmation bias）而更加強化；那是深植在我們腦中，導致我們看見自己期待看見的（而看不到自己不想看的）事

12. 編註：一八六三～一九四七，美國汽車工程師與企業家，一九〇三年創立福特汽車公司。

物的一種預設模式。如果你本來就覺得你的上司不挺你，那麼每次他有類似表現，你就會想「果然如此」，等到他挺你的時候，你也不會當一回事。

我們都受到這種偏見的影響，包括我：

我是一名跑者，幾年前，我開始感到左腳灼痛。我只好停止跑步，但即使只是坐在辦公桌前授課，我都覺得疼痛。我去找脊椎按摩師和足科醫生，求他們：「拜託治好我的腳！」但毫無作用。後來，在一次週末度假中，我把腳痛的事告訴一位朋友。她問：「妳有沒有試過穿大一號的運動鞋？」

我感謝她的建議，同時親暱地嘲弄她，「我一直都穿同一個尺碼的鞋子，不可能是這個問題！」她又提醒：「也許是妳的腳趾環引起的疼痛。」同樣地，我又回道：「但我已經戴了二十年腳趾環，我很喜歡，也從未有過任何問題！」幾週後，情況更嚴重了，我決定放手試試這些我認為過於實際的點子。我拿掉腳趾環，穿上我的第一雙大半號的運動鞋。從第一天起，疼痛就消失了！我一直在受苦，而且無法有效解決問題，全都因為我堅信必須有個像樣的解決方案。

你無法超越你的信念，但可以改變它們

我們有許多類型和不同層次的信念，其中有些非常基本，以致我們沒意識到它們在我們的日常生活中起著作用，但它們決定了你在無能為力情況下的首要理解方式。例如，你是否認為別人有缺點但基本上是好意，或者你認為別人很自私而且故意找你麻煩？

你是否相信事情的發生是隨機、憑運氣，還是你相信事出必有因，即使你還不清楚原因是什麼？難纏的人是你人生道路上的障礙，還是他們的出現是為了成為你的導師？

說到重拾主控力，我們似乎都有幾個重要信念作為基準。你必須察覺自己的信念，以便有意識地選擇接納或改變它們，其中之一是我們傾向於相信要麼具有「稀缺性」（scarcity），要麼具有「豐富性」（abundance）。

對稀缺的信念會導致你看到「有限的派餅」，在企業職場中，隨著人們的升遷，你會專注在職位越來越少；如果你經營自己的公司，你會擔心可服務的客戶和顧客數量有限。在你的個人生活中，你可能會對你可以幸福共處的愛侶，或能結交的朋友數量有限而感到悲觀。但你可以改變你的視角。

愛因斯坦曾說：「想像力比知識更重要，因為知識局限於我們已經知道、理解的一切，想像力則涵蓋了整個世界，以及未來將知道、理解的一切。」

選擇接納豐富心態會讓你立即重獲主控力，對豐富的信念能讓你看見世界充滿了機遇。派餅不是有限的，但你可以把餅**做**大，為自己也為別人。妮琪開始思考，「總會有其他公司賞識我的才能」（就你的情況來說，也許是，「我可以到其他部門去，或者自己開公司」，或者在你的個人生活中，「如果這次約會進展不順利，我會很難過，但我是個『萬人迷』，一定會找到一個**更適合**我的人」）。這種視角可以讓你避免因為將所有控制力加在某種結果上（因為你只看得到它）而流失你的力量，世界很大，有很多方式可以幫助你轉換視角以實現你的生活目標。

擁有主控力，你可以超越局限性的問題，看見無限的解決方案。

有個很好的練習可以幫助你培養不同視角，想像你走進一個百人規模的社交活動，目的是和至少一名中型公司的負責人攀談，因為他們是你服務的目標客戶。和一小群新結識的人交談後，你走向吧臺續杯，途中引起一位老同事的注意，於是過去打招呼。他把你介紹給一群正和他聊天的人，其中一位正是中型公司領導者。搞定！現在倒轉，如果你沒去酒吧，或許就不會發現你的老同事，事情發展可能有所不同：在這個劇本中，也許活動主持人會在你入場時上前招呼，你們簡短聊了幾句，提到你的工作以及你希望和中型公司領導者建立聯繫。場內有一位她的朋友正是一家面臨類似挑戰的公司的領導者，於是她帶你過去介紹給他；或者，也許你參加活動遲到了，這位公司領導者已經離開，但其他和你聊天的人當中有一個是這位領導者的學弟（mentee），你和這位學弟建立了良好的聯繫，第二天他把你介紹給了他的學長。

讓劇情繼續發展，你會發現有無數種方式可以結識需要你服務的公司領導者，但你無法知道或控制所有可能發生的方式，你唯一**能**控制的，就是繼續以明確意圖表現出你的地平點角色。

豐富心態以及看到無限的選擇是擁有主控力的關鍵，因爲它讓你不會長久陷在情境中，努力想解決問題，卻錯失了許多別的機會，只因爲你不相信它們存在。豐富心態減輕了非得從特定的人那兒獲得幫助的壓力，因爲你有無數方法可以獲得你需要、想要的東西。

持續利用豐富視角的威力的一個好方法是：記下每一個支持這視角的場合。

積累可以強化這種心態的證據，直到它深植在你心中，豐富成為你對一切事物的期待。

持續培養，你的能力無限

下一個視角的轉換是願意相信自己成長的能力，心理學家卡蘿．杜維克（Carol Dweck）發現，有些人認為人擁有一套固定的基本能力，另一些人則相信人可以發展自己的才能。

如果你對困境抱有固定心態，你就只能看到**當下**的情況——而且是局限的。你會得出結論：「這人就是這樣」，而且感到氣憤；你會拒絕嘗試新方法，而且斷定：「我們的合作水準最多就這樣了。」你也會認為自己能力有限。「我就這樣了。」

抱持成長心態，你會將失敗或僵局看成學習的機會，你相信你沒什麼做不到的，只不過尚未去做。「尚未」能激起希望、毅力和靈活性，你會樂於甚至興奮於嘗試新事物。（我們不都是一件進行中的作品？）

我的客戶葛蕾斯（Grace）是以成長心態保有主控力的絕佳典範，她在海外為國服役，在許多危險行動中帶領並保護她手下的弟兄們，但當她回到美國，她所任職的政府機構指控她在記者會上分享一些尚未獲准發布的情報，違反了規定（儘管實際上她並未這麼做）。她被暫時解除職務，還接受了長達一年的嚴酷調查，她不禁質疑起自己的領導能力，一種遭到背叛的感覺揮之不去。「想想你需要多少信任和信念，才會離開自己的國家，在獨裁政權下生活，帶著孩子在世界各地漂泊，你是真心去做的。」她告訴我，她沒得到信任作為回報。

情況非常惡劣，然而她並未因此失去她的主控力。反之，她不斷回頭關注這次挑戰將如何強化她的力量，以及如何克服困境。她對於釐清為何會遇上這種事始終抱持開放態度，相信每天都會有新的因素出現，幫助她勇敢向前。

不久，她所在機構的最高層要求她陳述自己的故事，她看到了可以協助改革該機構的機會。此外，她有理由相信當初調查她的決定涉及性別偏見，她打算一旦事情解決，她要教育女性觀眾並提倡她所在機構的改革。

這正是一年後她得到平反並復職後所做的！目前她正主導一項重大的全球合作計畫。回顧自己的經歷，她分享說：「經歷過這一切之後，我徹頭徹尾感覺到內在的一種安心感，尋求認可或需要每個人都喜歡我之類的事不再主宰我的生活。如今我明白，我會需要我已培養起來的這種高度的自信和力量，以便繼續在這高度上發揮領導作用。」

成長視角能讓你遠離當前的視角，打消憤怒或者和遭到陷害的憤慨共存，因為你明白這種處境對你是有意義的；必須經歷它來達成某種目標。你正為更大的使命作好準備。

掌握情況的3D視角

當我們跟人產生糾葛，往往會從狹窄的鏡頭觀看對方的行為。我們會專注於他們的性格，他們會那麼做是因為自私、權力飢渴、極度缺乏安全感或者情商不足。我們沒看見關係到大局樣貌的各種其他的可能解釋，你必須不斷把鏡頭拉遠，直到可以從3D視角看清楚為止。

我曾經指導一個主管團隊，其中一位認為她的同事非常好鬥，老是在會議上打斷她說話；他則認為她把他邊緣化，而且缺乏信心以致無法作出重大決策。他們各自都有一種單維的視角，只是互相指責。

但他們應該要做的是：採取3D視角。首先，了解每個人的視角，然後了解你和他們之間的互動，最後了解背景因素。從這角度來看，雙方顯然都沒錯，問題出在主管團隊的結構不佳，於是他們共同討論以釐清「誰做什麼」，現在他們已不再互相扯後腿了。

此外，我們往往局限地專注於別人的缺失，以便解釋困境的造成並不是我們的錯，而是因為另一種深植於我們腦中，稱作基本歸因謬誤（fundamental attribution error）的認知偏誤。這種謬誤是一種天生的傾向，會將別人的不良行為歸因於他們的個性或人格，而把自己類似的不良行為歸因於無法控制的外在情境因素。舉例來說，如果你請求上司核准你的某個構想時遭到她的無視，你可能會把它歸因於她的自我中心；但如果你對你的下屬表現出類似的忽略態度，你可能會認為你的行為是在趕赴一場已經遲到的會議時，仍然好意作出及時回應的一種努力。

我們可以藉由掌握情況的廣角 3D 視角，來避免倉促得出負面結論。

第一步是，嘗試從和你有紛爭的人的角度來看待情況，這能讓你進入他們目前的處境，然後順利引導他們找到符合所有人最佳利益的解決方案。這對伊麗莎（Elisa）來說幫助極大，她是我輔導過的一位財務主管，和資訊科技（IT）部門負責人之間存在問題。在她多次提出請求後，他仍然不肯向她提交預算，還責怪她，說他沒收到她有關此事的 email。她聽見他說她壞話，情況緊張到她總是在焦慮中醒來，每天都害怕去上班，每當一封帶有他名字的 email 彈出，她的胃就一陣緊縮。

當我試著讓她從他的角度看待這情況，她意識到：**這位資訊長（CIO）十分自豪自己是IT系統救星，這功勞讓他不屑於處理預算問題**。也許他認為他的團隊不該受到預算限制，因為他們正在進行全球性組織的系統轉型。

接著考慮更廣泛的相關情況，最近資訊長授權業務單位負責人代為處理預算事務，但還未把這件事明確通知各部門主管。此外，伊麗莎希望獲得升職，她擔心自己被視為不夠盡責。在任何僵局中，總會存在一些綜合因素。

要能看見困境的全貌

掌握全方位觀點能幫助你發現出乎意料的、解決問題的可能性，考慮某種情況的3D視角時，你也有機會跳脫所有相關各方的視角，將許多可能存在的組織問題一併納入考量。**我們常將潛在的組織問題轉化爲人際關係問題**，不妨想想，組織在程序或結構方面可能存在哪些問題？對你們雙方或每個人來說，問題的根本原因可能是什麼？

我的客戶莎朗（Sharon）正努力在藝術品交易領域建立自己的業務，競爭非常激烈，她必須和他人爭奪每一個機會。這工作的一個面向是鑑定藝術家的作品，或者不予鑑定，視情況而定。

無論是畫廊負責人、畫家和／或他們的家人、美術館、拍賣會或者藝術史專家，她發現她經常遭到一些藝術品鑑定的既得利益者的反對。當她的建議不被採納，她開始感覺自己受到排斥，或者「她有問題」，想在這領域出頭，她還不夠讓人信服。

透過把鏡頭拉遠並觀察藝術界許多利害關係方之間的互動——而不單是她自己遇上的挑戰——她了解到真正的問題是：**整個行業缺乏標準**。從藝術偽作的銷售，一直到關於藝術品是否應被送回原產國的訴訟等等，這問題的影響非常廣泛。

她不再關注競爭對手的特定行為，而把重點放在各種劣行在這一行裡的普遍程度。她回想，「我開始為每個人創造一種矯正法。」就在這時，她發現這個行業缺乏標準——誰有資格在這領域中工作？或者有什麼憑證足以證明你是專家？她突然想到，「等等，我正好有專長可以解決這問題！」

她開發了「赫克標準」（Hecker StandardTM），這是一套藝術品鑑定的客觀標準，如今她是一名熱門演說者、專家證人和大學講師，在藝術界到處宣傳這些標準且取得極大進展。她親自拿回了主控力，如同我說的，從「追趕變成被追趕」！整個業界都受益，你也可以這麼強大。

觀察問題的歷史能產生新的參照架構，採取歷史的視角能幫助你了解我們走到這一步的動力，深入了解你在變革過程中所能扮演的角色。米拉葛蘿斯．菲利普斯（Milagros Phillips）是《破解巫醫密碼》（*Cracking the Healer's Code*）一書作者，在我的 Podcast「權力轉移」（Power Shift）頻道中，她針對美國種族偏見提供了以下視角：「種族偏見反映出我們的無能為力，關鍵在於，我們正面對許多未癒的創傷，當這些創傷代代相傳，便會使人們喪失人性。它使人們脫離了本性，而人其實是十足有愛的生物。」

她提供了一個有助於我們審視歧視這類沉痛現實的歷史的視角：「種族偏見表現在五個不同層面——制度、組織、內化、個人和人際……為了改變世界，人們必須覺悟，必須擔起責任。人不必為自己所受的制度化的影響承擔責任，但你需要理解並承擔**你被制度化**這件事。我們已將我們被制度化的影響內化，然後根據我們所知道的去行動、反應和互動。這不會讓人變成好人或壞人，這會讓人成為一個**被制約的人**。」

歧視行為是經年累月形成的，這種行為否認了另一個人的人性和有形的生活機會，無論是因為他們的種族、性別、性取向或身分認同、宗教信仰、民族血統或者身體能力。米拉葛蘿斯．菲利普斯又說：「也因此，我不會再為黑人或白人舉辦的研討會上製造的罪惡感感到羞愧，因為我們都曾在一些由受創的人所組成的功能失調的組織中歷練，他們出於創傷而制定了法律和文化，但我們作為人類的這個事實重要多了。」

當每個人都擔起責任，覺悟到自己被制約這件事並加以修復，我們將為和我們互動的每個人設定新的標準，來讓他們也變得更有自覺。當我們全都有意圖地出於自己的本性而非恐懼行事，每個人都將發揮作用，避免將「脫離主控力的行為」傳給後代。

你可以將視角擴展到人類歷史，來獲得更多領悟。例如，許多人有「氣候焦慮」，或者因為物種滅絕、極端自然災害而感到無力。丹增・塞爾登（Tenzin Seldon）是一位氣候解決方案領導者，被公認為「最可能影響下世紀」的社會企業家。當人們問她，為何她處於了解氣候現實的最前線，卻能表現得如此冷靜而順服，她分享說：「我對他們說，這是因為我了解億萬年的千年視角，而不單是一千年。無論有沒有人類，地球、大自然和宇宙自有一套自我修正的方法。」

她利用這視角來提出更多解決方案：「如果你焦慮的根源是認為人類行為是氣候危機的主因之一，那麼你會以為只有人類才能解決氣候變遷問題，但這是不正確的。人類是問題和解決方案**兩者**的重要部分，但原民智慧告訴我們，你和地球的連結越多，你就越了解，天地間有比人類更大的自然系統和自然秩序可以修正自己。

改變氣候的最好方法是去了解氣候，了解自然。」

她建議：「如果你感到焦慮，就回到你的身體，到沙灘上走走，在樹林裡散步，讓自己接地氣。」

我問她，如何運用這種智慧，讓我們在面對一種實在控制不了、比任何人所能駕馭的更巨大的問題時，仍然力量在握。她以一種和「保有主控力」的想法完美契合的方式重新表述了我的問題，並幫助我了解到，我思考這問題的方式讓我失去了主控力：「我不認為氣候比我們更巨大，我們是氣候和氣候變遷的一部分，我們是氣候危機的一部分，而氣候危機是我們本身的一部分。我們必須將自己視為一體，一棵倒下、垂死的小樹不會想「我是一棵垂死的小樹」，它在想「我是整個生態系統的一部分，所以我需要其他的樹，以便生存下去並與之共存。」我認為這種孤立主義視角正在阻礙我們，我們需要回歸和自然的和諧。我認為環保少女童貝里（Greta Thunberg）[13] 已向我們證明，每一個聲音，即使是一個來自瑞典的十九歲女孩的聲音，都有其重要性。」

把鏡頭繼續拉遠到宇宙層面的視角能幫助許多人重拾主控力，對造物主或某種活躍的創造性能量抱有信念或信仰，會讓人有一種宇宙間存在著一種有意義的、不斷展開的、秩序的感覺——強化了事件是「為你」而發生的想法。你可以把困境重新定義為記取一個需要去克服某種存在已久的模式的業力教訓，進而讓自己變得更強大。當你發現在困境中保有主控力能為你招來更多你這一生追求的東西，這份信任將得到強化。對一種更高權力的智慧或時間安排的信任可以成為令人安心的指引，讓我們感覺受到支持，不那麼孤單。這種順從感能讓你即使在訊息有限而不知如何跨出下一步時，都能擁有正在積極「做事」的體驗。

◆◆◆

你的大腦是一臺非凡的多層次平行處理器，只要了解它的傾向，你就可以把它編寫成替你效力而不是和你作對。視角入口有助於你了解到，你之所以陷入無力感的困境，可能只是因為過度關注眼前的局限性問題，與其認為你當下對問題的理解方式就是答案，不如訓練你的心智去了解事情的脈絡和豐富性。

13. 編註：二〇〇三～，瑞典學生，她為提高全球對全球暖化與氣候變遷問題的警覺性，在瑞典議會外進行「氣候大罷課」（Skolstrejk för klimatet）行動，並在 COP 24 上發言，二〇一九年曾被提名成為諾貝爾和平獎候選人。

把更高層次的意識帶入你對情況的理解，能幫助你走出困局，而且讓你能夠將參與其中的每個人都一併帶出來。想找到新的解決方案，不妨先了解問題的歷史，從3D視角觀察問題，或者從根本原因加以解決。感到無能為力的你並不代表全部的你，你所看到的其他相關人員的樣子，可能也不代表全部的他們。如果當前的情況不適合你，那麼還有一個充滿替代選擇的廣闊世界在等著你。

讓這些視角全都成為你腦中螢幕的保護程式，當你嘗試使用這些視角時，請給它們一個「讚」，這樣你腦中的演算法就會向你展示更多這類視角，並塑造你的腦子，讓它們成為你的首選視角。你有無數方法可以與你的力量重新連結，你是一股創造力，既能克服個人面臨的困境，又能為整體的療癒作出貢獻，讓世界變得更美好。

為了改變視角，你必須能清除你的情緒反應，以便正常思考。方法將在下一個入口介紹。

主控力實務：視角

1. 問一個強大的問題，讓自己從受害者轉變成勝利者：「這件事會不會是**爲我**而發生，而不是發生**在我**身上？」
2. 超越局限性的問題，尋找無限的解決方案，培養豐富心態和成長心態。
3. 看見當下處境的全貌，把它當成一個以3D視角——你的視角、對方的視角和背景因素——理解問題的遊戲，看能否找到並解決潛在問題。
4. 藉由超越「當下」時刻來建立洞識，了解問題的歷史，把它看成某種不斷展開的秩序的整體弧線的一部分，或者考慮敞開心胸，信任那是能提供指引的造物主或創造性能量的運作。
5. 在腦中逐一給這些視角按一個「讚」，如此一來可以塑造你大腦的演算法，讓它們成為你的首選視角。你是一股創造力，有無窮才能可以重拾你的主控力，為改善自己和相關各方的處境作出貢獻。

CHAPTER

05

生理：從情緒劫持到自然High

「思想是大腦的語言，感覺是身體的語言。」

——《開啟你的驚人天賦》（*Becoming Supernatural*）作者

／喬・迪斯本札（Joe Dispenza）博士

你如何知道自己失去主控力？你的身體會告訴你！想想我們是如何形容無力感：胃裡一陣緊縮、肚子挨了一拳、麻痺了、心煩意亂、心如刀割……等等，你可能會感覺自己在壓抑情緒，或者亂了陣腳。

然而，失去主控力不只是當下的事，你可能會把情緒帶到你的下一次會議以及之後的會議，或者在當天剩餘的時間裡表現失常，你會很難專注，更別說同理或鼓舞別人了。如果你在一天當中不時地在腦中重播這樁誘發情緒的事件，等於強迫自己一遍又一遍體驗該事件。

在這種狀態下，我們通常會把注意力集中在壓力源上——正是導致我們失去力量的情況。但引起問題的壓力源以及它在你體內啟動的壓力反應必須區分開來，如同納戈斯基姊妹（Emily/Amelia Nagoski）在《倦怠》（*Burnout*）一書中所寫，「解決了壓力的原因並不代表你已經解決壓力本身，你的身體還浸泡在壓力液中。」造成前面描述的大混亂。

我們必須先處理情緒，因為強烈的情緒狀態會限制我們解決問題、形成視角，或回想本書中各種策略的能力，它會壓倒你想去理解讓你失去力量的事件的嘗試，讓你只關注那些會讓你無法脫困的理解方式。你可以透過你的身體，將自己抽離所有的反應，重新體驗你的主權感。

本書的其他入口將引導你避免、改善，或轉換讓你失去主控力的壓力源，而在生理入口中，你將學習管理自己的情緒反應，你將學會快速從中恢復，並以愉悅的方式擊退負面情緒。

感受到某種情緒並不等於失去主控力，情緒是我們賦予意義，並促使我們採取對應行動的生理模式。無力感是發生在你沒有運用手上的權力來處理情緒的時候，你會因此亂了節奏，或者陷入一種事件本身加上內在紛擾造成的無助狀態。

人性是建立在廣泛的情緒體驗之上的，我們已進化到能夠體驗像是墜入愛河、聆聽優美音樂、實現登月，以及參與虔誠集會時的正向情緒。但人類文化是建立在引發無力感的結構之上的，我們的先祖生活在恐懼和生存競爭中，他們的文化根植於暴力。我們現代人的情緒是從日常互動中產生的，但它們連接著累積了無數代人情緒的考古學，這些情緒可能長久未經處理，至今仍深植於我們體內的封存模式。這是為什麼我們會被情緒淹沒，或表現出失衡或失控的情緒反應的原因之一。

文化制約告訴我們，雖然在獲勝時（例如在運動競賽中）表現出熱情是合宜的，但我們被禁止擁有、表現出負面情緒或太過情緒化（真的可接受的情緒往往具有性別限制，只有男性被允許表達憤怒，對女性來說憤怒是不宜的，但悲傷、絕望等被動情緒則可被接受）。我們限制自己的情緒表達，來讓他人舒服自在。

因此，多數人並未學會一套好的策略來度過情緒低落、回復平靜和心智澄明。相反地，當被迫進入情緒狀態，我們往往變得孤立，在細數傷痛中反覆思索；我們會壓抑、迴避情感，使得我們體內的壓力荷爾蒙不斷惡化，並持續著焦慮引起的自毀式的思維模式；當我們感覺無法安心地表達憤怒，我們常會把憤怒轉向自己，因而導致抑鬱。我們也擔心，如果我們允許一點點情緒的涓流溢出，水壩就會決堤，整個水庫將氾濫成災；或者我們長久以來一直壓抑情緒，井乾枯了——我們不知道自己有什麼感受。

你的情緒將你和你的基本事實連結起來，憤怒向你發出信號，指出你不願忍受的東西，大部分堅持不懈挑戰現狀的人，都有健康的憤怒情緒作為動力。在我氣憤或沮喪時，我可以為了自己的利益（或為了保護他人）而採取行動，這點是當我沒那麼精力飽滿時做不到的。憂傷和悲痛是接納過程的要素，它們能幫助你接受必須和某物或某人分離所受的傷害。

和自己切斷連結會讓我們較不易體會出該如何回應，而你作出的回應可能帶著嘲諷或語氣不佳，違背了你想改善情況的目的。只要懂得如何抓穩方向，別害怕跟隨情緒的引導。

遵循我最喜歡的富於遠見的女權主義偶像芮吉娜・托馬斯豪爾（Regena Thomashauer）——又名吉娜媽媽（Mama Gena）——的這句話，我們都將過得更好：「請把『我們情緒鋼琴上的八十八鍵全部彈一遍。』」

◆◆◆

以下是利用生理機能作為工具來讓自己重拾並保有主控力的三種總體性方法——

恢復淡定

◎重新連結你的感覺和思考中樞

失去主控力時，你的身體會失去平衡，人類應該要能平衡大腦的感覺中樞、交感神經系統（SNS），以及對應的副交感神經系統（PNS）。當你處於平靜的權力狀態，你大腦內的情感中樞和理性思考區域會進行雙向交流，共同引導你作出反應來改善情況；然而，當你受到情緒劫持，你腦內感受傷害、憤怒或羞恥的部分會和掌管理性思考的部分**中斷連結**，你完全無法連上大腦中能幫助你恢復主控力的部分，你的情緒正在撥打一個已經**斷線**的電話號碼。

這種情緒模式試圖將效率最大化，讓所有訊息都能被傳送到你腦中已磨損的溝紋中，而你只能參考過去做過的事，來了解如何解決當前的問題。由於無法區分過去和現在，你的大腦把當下視為過去的重演，給你一種又來了的雙重消沉感；然而，你看不到更大的脈絡，也無法取得你在生活中累積的經驗教訓。

◎啟動你的安全和社交反應

一旦你重新連結到大腦中產生這種進程的區域，你就能看見情況的大局，而且有意圖地作出反應，這就是ＰＮＳ，一種讓你感覺安全、合群的模式。ＰＮＳ能幫助你保持冷靜、沉著和鎮定；它讓你對自己和他人產生同情心；它讓人能夠洞察、理解他人的動機，而且有能力去執行權力轉移的人際關係策略。

在這種平靜安心的狀態下，你會重新連結上你的自我，從那裡，你可以將你的意圖向外傳播給你的團隊、家庭、社區……等等。就這樣，**你提升他人的能力是內建在你的生理機能中的**。

要啟動這種力量強化過程，你需要做的就是啟動ＰＮＳ的主要神經，也就是迷走神經。它會發出信號表明一切都好——威脅結束：你可以冷靜下來了。你被照管著，清晰的思緒就從這裡開始，然後你可以**選擇**一種強有力的反應：**你**想要的，而不是你被激出的反應。

大腦跟著呼吸走

通知迷走神經讓你冷靜下來的最快方法之一，就是放慢呼吸。以下是三種基本呼吸練習，即使正在開會或進行艱難對話都可以使用。

重新連結呼吸法：當你的呼吸減緩到每分鐘六次——即每十秒呼吸一次——且呼氣時間比吸氣時間長時，迷走神經就會變得活躍。透過鼻子吸氣並數到五，接著透過鼻子呼氣並數到五，反覆做一到三分鐘。

立即平靜呼吸法：以正常速度透過鼻子吸氣，然後進行第二次較短的吸氣來獲得更多氧氣，接著透過嘴巴用較緩慢的速度呼氣（這在視訊通話中比面對面更容易做到）。如果在私人空間中，一個很好的變化做法是透過鼻子深吸一大口氣，然後透過嘴巴吐出長長的嘆息（記住呼氣能啟動你的迷走神經，因此要特別加強）。特別有效的是在嘆息時發出「haaa」的聲音。持續做，直到明顯覺得平靜許多，或開始想打哈欠，這是你的神經系統正進入平靜狀態的明顯信號。

冷卻呼吸法：當你對他人生氣、沮喪、不耐時，會產生一種加溫的身體狀態，我們甚至會說：「我的血液在沸騰。」冷卻呼吸法能讓你回到冷靜、沉著與平和的狀態，以保持鎮靜、能作出回應，而非被動反應。（我敢說你會有很多機會練習冷卻呼吸！）

微微張開嘴，慢慢吸氣，就像用吸管喝水那樣，然後透過鼻子緩緩呼氣。除了冷卻呼吸法之外，如果在開會，你可以拿一杯冷水一點一點喝，或者如果在私人環境中，可嘗試將冰塊握在手中，或將冰袋放在胸口。

◎透過感官瞬間平靜

SNS是透過視力由視覺刺激啟動的。試著閉上眼睛幾秒鐘，便可以進入PNS狀態。你將開始注意到許多聽覺暗號，這些暗號可以讓你有存在感，呼吸也隨之放鬆。

你可曾參加瑜伽之類的課程，上課時教練可能會要你哼歌或吟唱，這麼做之所以會產生鎮靜作用是因為：你的迷走神經和喉嚨產生了連結。如果在私人場合，例如緊張的會議結束後回到你的辦公室，你可以伸展身體，一邊哼哼唱唱。我通常會唱一首專門用來平撫情緒、同時激發直覺中樞的曲子，作為日常活力練習的一部分。

觸覺也可以用來刺激迷走神經，只要撫摸柔軟的東西，像是圍巾、毛茸茸的動物友伴，或用手輕撫堅硬光滑的物品，例如喜愛的圖騰石[14]。

總之，開始建立一套這類練習方法，以便迅速進入平靜狀態，回到中性心（neutral mind），重拾身體的和諧感。

◆ ◆ ◆

「感覺可以療癒」

你並不是由情緒支配的（儘管感覺起來是這樣），作為人類，有一系列生理喚醒（physiological arousal）是我們能夠忍受的。從容忍窗口[15]概念的角度來思考這點可能會有幫助，也是說我們有一系列情緒喚醒，可以讓我們在其中輕鬆處理有關人和互動的訊息，並有效作出反應。

但當你的情緒超出你的容忍限度，你會感覺到一股衝動，且／或無意識地作出５Ｆ反應——戰（fight）、逃（flight）、僵（freeze）、討好（fawn）或修補（fix）。尤其如果你在生命早期經歷過艱難或創傷性的經歷，就會產生符合當時情況的強烈情緒反應（例如恐懼、憤怒或難堪），而５Ｆ無意識反應正是為了保護你免於受到情緒衝擊而發展出來的求生行為。被迫反覆面對這類情況將會訓練你的生理機能，即使在目前可能已不那麼危險的情況下，都會以高度的情緒喚醒作出無意識的反應。了解自己的傾向能幫助你及時辨識出它來，較為從容地處理被啟動的情緒。

戰：當你感覺被忽視、不受尊重或受到威脅，你可能會傾向於「展開反擊」。你會不會提高嗓門或變得充滿敵意？你會不會作出激烈反應，試圖說服對方或者和他們對抗？你會不會對那些冒犯或損傷你的人展開口頭攻擊（或者在心裡進行）？

逃：你是否會進入迴避模式，例如避免和某人互動或極力不去面對這種局面？你或許寧可透過上Netflix追劇或晚餐喝點小酒（或兩者一起）來避開不快的

14. 編註：totem rock，攀岩、登山、洞穴探險、繩索下降、繩索救援的利器，除了可用作下降確保器外，也可當作分力盤使用。
15. 編註：根據精神病學家和神經生物學家丹．西格爾（Dan Siegel）博士於一九九九年提出的概念，我們每個人都有一扇「容忍窗口」（window of tolerance），當情緒在可承受的範圍之內時，個人可以正常發揮記憶力、意志力、忍耐力、覺察力、反思力。一旦外界壓力過大，讓你的狀態突破了「容忍窗口」，則會發生失調，處於亢奮或低迷的狀態。

情緒。有些人用藥物作為逃避手段，或者借助大吃大喝、強迫購物或其他成癮行為；有人則發展出應對策略來徹底避免主動感受到情緒，變得更理智化（思考情緒而非感受它們）或軀體化（由身體透過疼痛或疾病來表達情緒，而不會有意識地感受情緒）。

僵：如果某種情況引起特別強烈的情緒且／或持續相當長的時間，你的身體會因為賣力處理情緒而招架不住，此時你的自然應對機制會轉換成僵反應，在情緒上封閉，感覺麻木，你可能會發現自己變得和工作脫節，心情沮喪或疲憊不堪。如同所有的保護機制，當你無法逃避失控和有害的經歷，這是一種有用的機制，但是當它使用在不會對幸福感造成同等程度威脅的日常場景，它會明顯使你察覺不到自己的情緒，甚至想不起某段經歷的重要環節。

這三種反應內建在我們的神經系統中，至於「討好」和「修補」這兩種行為反應，則是後來隨著人類尋求發明其他用來應對人際壓力的策略時，被加入我們的技能之中。

討好：你會試圖取悅或安撫那些對你造成傷害的人，以此作為一種和他們安穩地保持聯繫的方式。也許是藉由照顧或援助他們，沒有為了自己的需求而說不，期待如果你關照對方，對方也會願意關照你。

修補：修補反應是我命名的，意指試圖透過支配傷害者來加以處置的行為，例如過度負責或試圖讓事情變得圓滿，以免受到指責。

這些描述當中有哪一種（或哪幾種）是你的常見反應？想想某一種目前可能讓你失去主控力的情況，當你開始情緒化時會做些什麼？

你必須找到能讓你待在容忍窗口內的處理情緒方式，以便有意識地採取行動，找回主控力。為了積極轉移不良情緒的能量，你必須接納並不再畏懼自己的身體感覺。以下幾種方法可以幫助你達成這點。

1. **包容你的情緒**：研究顯示，情緒的壽命只有約九十秒，在《黃金90秒情緒更新》（*90 Seconds to a Life You Love*）一書中，瓊恩·羅森伯格（Joan Rosenberg）博士教我們，透過在這短短時間內保持專注當下和深呼吸，你可以在澎湃的情緒中漫遊——讓自己全心投入當下的情緒，以便從中學習。許多正念和冥想法都以此作為前提——各種念頭和情緒來來去去，只要專注於當下時刻，觀察它們，然後容許下一個念頭出現。

2. **讓身體表達自己**：芮吉娜（Regena）建議，對女性來說，最重要的是「熱烈地感受流經身體的每一滴情緒，因為感覺就是一種療癒。」播放符合心情的音樂也是一種方法，然後脫離腦袋，讓自己沉入身體之中，體驗你在身體任何部位感受到的情緒，讓自己隨意搖擺或移動手臂、頭或軀體來表達這些感覺。千萬不要覺得不自在，你的目的是重拾主控力！起碼完成一整首歌曲，以便了解你內在情緒的所在，跟隨自己身體的各種感覺（兩、三首歌會更好），你會感覺和自己有了更緊密的連結，並找回了掌控感。

3. **積極搞定它**：不只是我們不容許自己去體驗各種情緒，而是當我們體驗情緒時並沒有充分地感受，納戈斯基姊妹在她們的著作《倦怠》中特別指出：「情緒是隧道，如果你一路把它們走完，便會看到隧道盡頭的亮光。」正如她們的提議，你必須「**完成壓力循環**」（complete the stress cycle），意思是，繼續體驗各種情緒的做法，直到有跡象顯示發生了生理轉變，也就是說：你感覺好多了，你覺得完成了。你有一種結束感，類似「我需要這個！現在我可以往前走了。」如果沒有完成壓力循環，你就會失去主控力，也無法了解處於循環另一端的清晰度和活力。在後面的章節中，你將學習如何利用這種清晰度，例如它是否有助於你知道何時該設界限，或在分享強大的真相時要說什麼。

情緒這東西，你不面對它，它就會面對你

將情緒視為運動中的能量會很有幫助，我們試圖壓抑自己的情緒，或予以忽略，但只要它仍是我們經歷的一部分，就會以一種令我們感覺不太好掌控的方式再度浮現。你可曾想過不去感受情緒需要消耗多少能量？它就像一隻籠中的猛虎，不管怎樣你都會有負面感受，但你必須在生理上努力壓下它們。中醫的要義就強調了這點：要讓能量在體內流動，以免它停滯並導致疾病。以下就是強烈感受負面情緒並完成循環的策略指南——

劇烈的體力消耗能將負面情緒排出體外，試著讓你的情緒強度和你用來清除情緒的方法的強度相匹配。如果你的情緒反應很溫和，那麼在大自然中散步等愉快經歷便能幫助你定下心來，順利度過這段經歷。然而，如果你的情緒十分強烈，就必須用更有力的身體活動來抵銷它。

我的客戶湯姆（Tom）由於和業務夥伴間的摩擦而面臨了嚴重的事業威脅，他既氣自己也氣對方，他沮喪了一陣子，猛喝酒，作出許多莽撞的決策。我要他在我們下次諮商之前去打幾次拳擊沙包，或者到高爾夫練習場打一輪，不必擔心準確

性，只是發洩一下怒氣。在接下來的會面中，他的心情陰霾一掃而空，於是我們繼續執行戰略計畫來處理這問題。

我曾經展開一系列逃避反應——用壓力性飲食來抑制情緒是我的首選行為，加上拖延迴避。這種傾向會讓我在失常的狀態下保持專注，但卻無能為力。如今，每當我心情不佳，就會轉向這種情緒，感受它並讓它流過我的身體，這使我在失去主控力時能夠更快地恢復。

生氣、沮喪時，我會從接下來要介紹的幾個練習開始。如果之後仍然煩躁不安，我的首選對策就是到我居住的紐約市大樓的健身房打拳擊沙包，我腦中想著令人沮喪的場景，然後卯足力氣狂打沙包，直到手臂幾乎要斷掉！到最後，帶給我無力感的人際互動感覺有如遙遠的記憶，而我呢，已準備重回我的地平點。「讓情緒流動」的選項是無限的，隨著我的環境而異：如果能找到游泳池或健身飛輪車，我會卯足了勁瘋狂衝刺；如果能到達海灘，我會在海浪中盡情發洩；要是被局限在紐約市公寓裡，我可能會在諮詢會談的空檔隨著一首正火的歌忘我地狂舞。

你必須找到一套適合你日常工作的策略：去參加拳擊或桑巴舞課程；用啞鈴進行強力（但安全）的重量鍛鍊；參加現場或線上瑜伽課，練習一些能緩解肌肉緊張的姿勢；去伐木，打枕頭，走進一個房間，鎖上門然後盡情飆罵九十秒；大哭一場，鑽進車裡尖叫，關上車窗大聲洩憤。（如果你有小孩，就得額外設法，找個孩子看不到或聽不到你的地方，或者如果他們也很生氣，那就一起做！）做一些對你有用的事來消除「想放火燒房子」的感覺！

當你不關注自己的情緒，最後往往會弄得疲憊不堪。我的客戶是科技公司主管，她對表現不佳的團隊成員非常惱火，但她整天坐在電腦前，很少動彈，她甚至沒意識到自己的沮喪，說她「累到」無法健身，其實這只是因為她和自己的身體狀態脫節罷了。當她開始進行劇烈運動，這幫助她將沮喪情緒轉化為具有成效的解決方案。（或許你也可以？）記住：如果你不做點什麼來將不健康的情緒從你的身體釋放出去，就會受到內在那個惱人傢伙的影響——你會被**情緒**打敗！

有些時候你或許不會感受到激烈的怒火，而只有溫和的悲傷體驗或低活力的倦怠跡象。倘若如此，就得採取不同的「讓情緒流動」策略。首先你必須做點什麼來增強活力，以便回到你的基本能量水平，也許是一次正念散步、流淚、寫日記或一手放在胸口緩緩舞動（想擁有一系列處理不同情緒狀態的方法，可在 www.inyourpowerbook.com 網站找到不斷更新的關於處理憤怒、悲傷時刻和提神方式的播放清單）。

針對忙碌一天中嚴重的憤怒或沮喪時刻，如果你騰不出時間來健身，有幾個方法可以讓你在一到三分鐘內「消除緊張情緒」。你需要一個私人空間來做這些動作，也可以在戶外或健身房練習。

推開呼吸法

很多負面情緒都停滯在胸腔一帶，這個動作能將它清除，並給你一種站穩立場的強大感覺。雙腿分開站立，大於肩寬，雙臂平行於地面伸直，與肩同高；手掌保持垂直，像在做「停止」動作；兩隻手臂向前推並吐氣，就像透過嘴巴用力吹氣（像是在推開某物）；收回手臂，然後以同樣的呼氣法再做推開動作。

你已完成基本動作。接著往右側轉體，重複一次，吐氣並做推開動作；接著往正前方和左側重複操作；接著回到正中，一邊吐氣一邊重複用手臂向前推；試著持續做二到三分鐘，你會有一種胸口負能量被清空的感覺（請造訪 www.inyourpowerbook.com 查看三種練習的示範以及搭配動作節奏的歌曲）。

空手道斬

這是消除負面情緒的絕佳練習，你可曾接受按摩服務，最後按摩師在你的背部進行快速的「空手道劈砍」動作來刺激那裡的經絡？你可用這個動作來放鬆。雙臂在前方伸直，手掌朝內；兩手在肚臍和喉嚨之間的高度快速地交替做劈斬動作；關鍵是要盡可能地猛烈，從三十秒到一分鐘開始，逐漸延長時間。你會發現這為你的雙手帶來極大能量，並清除因沮喪和憤怒而產生的心理漩渦。（我曾見過滿屋子企業人士透過空手道斬消除沮喪情緒而狂笑不已。第一次嘗試時我相當緊張，怕它被認為太「怪」並害我遭到恥笑，但學員們無數次告訴我，他們不但和自己的團隊一起做，還推薦公司其他部門選它作為訓練方法。它能讓你充滿活力並幫助你解放情緒，讓你可以重獲主控力並繼續往前走。）

淨化呼吸法

這種簡單的呼吸法能清除腦中的負面想法。坐正並保持脊柱伸直，透過鼻子吐氣，讓每次呼氣都從肚臍一帶開始排出，就好像你的肚臍把空氣向上推然後排出體外。太陽神經叢是個人力量的能量中心，它是身體七萬兩千條神經的連接點，很多情緒集中在那裡，而本呼吸法能將它釋放出來。進行本呼吸法時，先想像你目前的無能為力處境，或者用燭火來代表它，然後試著用呼吸的力量將蠟燭吹熄。

和令你感覺安心的人分享感受

舒緩苦惱的方法之一，就是向朋友、家人和同事傾吐，這麼做可能十分有用，但有些地方要注意。首先，先將情緒釋放出去；其次，慎選傾吐的對象，是否確定這人不會因為你五花八門的情緒而把你解雇？這人是否夠冷靜而且能幫助你恢復鎮定？第三，別只是吐苦水，發洩情緒會讓你不斷重溫那段經歷，只會消耗你的精力而無法讓你恢復活力，而且萬一你陷入不斷找人發洩的習慣，會讓人們對你敬而遠之。

要建設性地發洩！問一下對方目前是不是傾吐的適當時機，別逮住機會就開始喋喋不休（我們都經歷過），最好給自己限定時間，例如十分鐘。也許第一輪發洩你只需要吐露發生了什麼事以及你的感受，但這麼做之後，致力將你的意識流變成一套連貫的想法；結束時總結一下要點，以便將所學到的東西整合到大腦的情緒和理性思考中樞；最後務必要承諾投入建設性行動，並感謝他們保留空間與你談心。

◆◆◆

活力加滿！

你要的不單是擺脫困境，你想要充滿美善，樂趣和喜悅的平衡，對於反覆訓練身體從力不從心到游刃有餘的情緒狀態非常重要，這是一種對主權感的宣示，就像在說：「你儘管那麼做吧，但我不會讓它干擾我的生活！」當你連結上自己的喜悅快樂，那會讓你想起原來的你，擺脫你對自己或他人的心理評價；它會讓你的內在產生一種開闊的美好感覺；它會讓你感覺銳不可當，足以對付那個令你失去主控力的壞蛋，而這些體驗會增加幸福感化學物質催產素和多巴胺[16]的分泌。

經常從事能帶來樂趣和愉悅的活動可以增強神經系統（例如演唱會、烹飪、窩在火爐邊看一本好書、整理花園或沿著美麗的山徑健行），但你不見得要規劃大型或複雜的活動，慢慢來就好。

容許自己體驗「微光」（glimmer），這些微時刻能緩解你在重新找回力量、療癒負面情緒觸發因素時的緊張感，這些時刻通常會動用感官，例如清晨出外散步時享受清新空氣，或者欣賞落日，不光是匆匆一瞥，而是觀看它的整個消蝕過程。或者停留在有人讚美你的一刻，讓它沉澱下來，帶給你會心一笑；和某個特別的人生伴侶調情；在一天結束時點一支寧靜香氛蠟燭，穿上柔軟的睡袍，感受它在肌膚上的舒心觸感；對著鏡子整裝準備去上班或進城前，多看自己一眼，對自己說，「你搞定了！」

我們的身體提供了無限的禮物，只要我們懂得如何打開它們——例如，現在就做一、兩次深呼吸。看你如何感受到它從你的腹部開始，擴散到你的胸腔，以及一縷縷空氣一路流入你頭部的呼吸道，你每天都要做數千次的事其實很有滋養作用。找時間做一些伸展動作也一樣，藉著舞蹈活動身體效果特別好——只需自發地開始和伴侶或孩子在廚房跳舞（或參加舞蹈課，或者在視訊中和朋友們輪番跳舞）！重新連結上自己的生命力能帶給你一種生機勃勃、愛自己的感覺，也是擁有主控力的

16. 編註：人體重要神經傳導物質，可將訊號發送到其他的神經細胞。

一種提醒。抵銷負面情緒的強度能讓神經系統確認我們已重新找回力量，所以請好好享受這些為自己注滿活力、並積極創造這類機會的「微光」時刻。

女力學院（School of Womanly Arts）創辦人、長期追求提升女性力量願景的芮吉娜・托馬斯豪爾始終主張一個觀念：追求愉悅是當我們感覺情緒受到壓抑或鋒芒被掩蓋時的解藥。從她那裡我了解到，我們必須進行「快樂探索」，這**正是**你找回主控力的方法。即使充滿無力感，注意力被悲傷、憤怒等反應所占據，你也可以（而且必須）在生活中積極騰出時間和空間來做這件事。

以下是她為一名長期對丈夫懷有憤怒和不滿的女性提供了成效顯著的引導的例子：

「對妳來說，關鍵在於妳的『指控』很正當，因為他並沒有像一般預期的那樣充分勃起，問題是他再怎麼努力，都不如妳自己摒除憤怒，選擇快樂。這是最難做到的，因為很多女性都會同意我們，男人真的很遲鈍。我們全都願意舉雙手贊成，說：『沒錯，他真是混蛋。』但重新訓練自己捨棄憤怒、選擇快樂，需要大量的自律和責任感。」

她又說：「也因此我們可以創造自己所期待的改變，懷著赤裸裸的有害憤怒不會有任何進展。我們也看到當大家訴諸憤怒，並將它作為我們文化中過度發展的男子氣概的一部分時，結果就是毫無進步。問題是，我們如何能愉快而充滿創意地共同創造？我們甚至連皮毛都談不上，因為快樂是無限的。當作為女人的我們能放下憤怒，全心全意追求愉悅，並引導我們的男人達到更高水平，世界將會發生轉變，而我們將能妥善處理生命中的各種大小事——從錯綜複雜的人際關係到諸如氣候變遷之類的大問題。」

除了透過身體釋放情緒的練習之外，Mama Gena[17]還教導我們，女性可以藉由加入「啟動」（turn on）元素來獲得真實情感的轉變力量，方法是連接上妳內在那個美麗動人、值得擁有一切與生俱來權利的自我體驗，然後將這股活力融入妳處理無力感情緒的方式中。例如，想像隨著一首流行歌曲跳舞——妳會體驗到身體上的憤怒釋放，但它也會激發妳內在的「正當」（rightness）感，讓妳想起自己的「性感」。妳的「啟動」機制是一種可以隨時取用的可再生能源，讓妳即使受到他人局限性行為的擾亂，都能保持心情愉悅。無論如何妳都能主控力在握。

我透過 Mama Gena 社團認識的一位女士辛迪（Cindy）分享說，她遵循此一概念，透過再度致力於將許多愉悅時刻注入生活之中，重新點燃了在婚姻中遺失的火

17. 編註：由芮吉娜・托馬斯豪爾（Regena Thomashauer）創設的女性諮商課程與交流社團。

花。多年來她一直在生丈夫的悶氣，怪他不關心她，充滿無奈。她決定不再把所有的錯推到他身上，自己攬起所有責任；她開始打扮得光鮮亮麗，**只因爲這讓她**感覺性感出眾；她在白天插入舞蹈休息時段，在晚上泡澡，讓年幼孩子們一起享受擺設浴缸的樂趣，然後獨自悠閒地泡澡；她開始藉由肢體課程和感官撫觸來探索自己的身體，以便了解什麼能讓自己感覺舒服，進而提出要求；她開始關照自己，並意識到如果她採取主動，就可以在這段關係中獲得更多她想要的。所以現在，如果她傳一封情書給他，他就會回一封給她；如果她發一則調情的簡訊，他最終也會回她一則。久而久之，變成他主動了，他們針對各自的需求展開坦誠的對話，這讓他們更加親近——近得重新燃起愛的火花！

當一個女人擁有主控力，她會提升身邊的每個人！

總之，如果有錢有閒，而且感覺很滋養，不妨去做按摩、美甲或者和朋友一起喝幾杯，**但**現在你已經了解，擺脫失去主控力困境的辦法是重新連結你的思考和感覺中樞，清除無力感情緒，直到你走完壓力循環並讓自己充滿喜樂和愉悅。這是緩解倦怠感的真正活力補給，**保有主控力是自我關照的終極形式**。

你已了解該如何處理自己的情緒反應而且「表現自如」，接著你可以盡情去追求能滋養你的力量的目標了，這也是你將在下一個入口學習的內容。

主控力實務：生理

1. 處理情緒反應是你開始找回主控力，進而擺脫心理漩渦，並重新連結上生氣蓬勃而強大的自己的起點。
2. 啟動迷走神經，重新連結你的思考和感覺中樞，尤其透過深呼吸。
3. 「感覺可以療癒」：發展一套適用你的「完成壓力循環」的可靠策略——無論是用呼吸釋放情緒、活動身體還是劇烈運動。確認 5F（戰、逃、僵、討好、修補）中的哪一個可能是你處理情緒喚醒的首選策略，以便在激動時刻識別自己的反應並應用新的策略。
4. 培養一些日常實務，讓你可以在微時刻體驗樂趣和喜悅，並將這些體驗融入你的每一天。開始你的「快樂探索」可助你了解，什麼能讓你的身體感覺舒服、什麼不能讓你感到開闊，這就是終極的自我關照！
5. 選擇愉悅而非憤怒，擔起給自己補足活力的責任，以便和那些讓你失去主控力的人合作得更好。

（請上 www.inyourpowerbook.com 網站，瀏覽上述技巧的示範，下載不斷更新的關於憤怒、悲傷和啟動機制的播放清單。）

CHAPTER

06

目標：從小賽局到大賽局

「改善現在的唯一方法是把未來做大。」

——企業家教練／丹・蘇利文（Dan Sullivan）

目標賦予你力量，當人能和自己的目標配合一致，都會感覺活力充沛、得心應手。它能幫助你超越當下的紛紛擾擾，並採取最符合你的長期目標的行動；它讓你對自己的狀態感到正確而美好。

無論是當下或者你的一生，你的目標就是你**在此**的目的。也許你有多個目標：成為子女的榜樣、培養團隊成員、為許多問題提供充滿創意的解決方案、傳承財富給下一代、和／或盡可能地享樂……在任何一個會議或方案中，你或許還會有一個高於你的特定功能角色的總體目標，例如成為包容的領導者。

我們往往在日常生活中忘了自己的目標，我們待辦事項清單中的急迫需求，總是占據我們所有的注意力，於是只求熬過一天成了我們的目標，但情緒超載並非唯一的兇手，我們**自己**也會偏離達成目標該有的行動軌道。

玩你的小賽局VS大賽局

當我對白宮邀約說「不」，我便讓自己失去了主控力，這和副總統夫人蒂珀或她的幕僚長說了什麼無關。當時我腦裡有一幅關於自己該是什麼人、該知道些什麼的內在圖像，我對自己評價過低，擔心他們對我也有類似的評價。

人腦會追蹤、監控我們認為別人對我們的想法，因而激發可能被他人評價、批評或拋棄的恐懼。在投入精力實現自己的潛能或目標之前，我們自然會先應對此一威脅，對白宮說「不」是我減少對他人批判的恐懼的方式，而且我把這看得比為數百萬家庭作出貢獻更重要。

無論哪一天，我們都會發現自己在進行這種無聲的人際關係算計，常見的例子包括當你質疑自己、強迫自己做到完美、爭著證明你夠格，或因為在工作與生活之間難以兼顧而感到內疚。如果你到了無法充分信任自己的地步，只好透過其他人來了解究竟該怎麼看自己。

如同第一章提到的，如果你自覺沒有價值、自我苛求，或者老是擔心別人會怎麼看你，就會需要別人一起來讓你感覺自己有價值、受重視。這種行為是**迂迴**（indirect）的——你的懷疑會促使你刻意博取別人的好感，**期待**他們會以一種令你安心的方式回應你。這種手法本是為了和幼兒看護互動的適應方式，具有滿足基本需求的生存意圖（例如不被拒絕、引起對方重視、保持情感／身體安全）。這種讓他人來決定我們對自己的看法的現象會一直持續到成年，直到我們能夠從內在以及透過連結上自己的目標獲得自信。

透過這種迂迴手法，你讓他人的反應來決定你對自己的看法。這使得你容易活在他人**影響之下**，也是你**最難**控制的狀況，你永遠不會有強大的感覺，因為你的能量不是用在累積力量。假設你在一次報告中表現很出色，但你的上司沒有給你正面回饋，因為當時他滿腦子想著某件和你不相干的私人事務。你可能會覺得洩氣，或者不確定接著該採取什麼步驟來實現你的目標——你**交出了主控力**。

迂迴行為著重於暫時的個人化擔憂，例如「他們會怎麼看我？」以及「我該怎麼做才能讓他們對我有好感？」它是一種控制能量，而不是一種磁吸效應。為了控制他人的看法，你可能會滔滔不絕向人們展示你有多聰明，進行微管理來讓人們認為你很完美，或者不敢說出自己的絕妙構想……等等。所有我們用來取悅、保護和追求完美的行為，都不是為了實際效用，而是為了讓別人認可而非拒絕你，並能安心和他們相處。這些策略的淨收益是什麼？只是暫時擺脫可能的評判，或者得到一句你壓根不在乎的輕率讚美。這些無意識反應能幫助你度過當時的情況，但無法建立內在的自我信賴度。它們就像一種高糖效應（sugar high）[18]，能短暫提振自信或擺脫他人的批評，而誰是這種短視策略的主要受益者？只有你。

這是你的「小賽局」。

當我對白宮說「不」，我原本有機會玩大的，但我選擇玩小的（儘管當時感覺這並非有意識的選擇）。

要玩「大賽局」，請 Go Direct！直指目標！你的大賽局就是你的目標、你的傳承，你運用力量讓眼前情勢變得更好的機會。當你專注於你的目標，你不會只看見當下發生的事，而會致力於進一步推動那個根植於你內在、符合你長期願景的價值觀，這影響的不光是你自己，更擴及所有將從你的行動中受益的人。

目標能將我們和某種比我們更宏大的東西連結起來，它讓你擺脫自我評判，讓你融入前進的大趨勢之中，而你的種種抱負也將乘風而起，這裡的重點不在「人家

18. 編註：美國兒科醫師班傑明・芬格爾德（Benjamin Feingold）在研究中發現，當孩子吃過多甜食時，情緒容易變得異常興奮，開始「歡顛」，過多的糖分會誘發胰島素抗性，刺激腎上腺素而讓精神較為亢奮而降低注意力，過度依賴糖分造成的營養失調也會讓情緒較難控管。

會怎麼看我？」而是「我所為何來？」」。

領導者的成效取決於，他能夠為所有相關各方將願景推向多遙遠的未來。與其努力博取他人的敬重，你可以賦予他人價值感，領袖總是Go Direct！

海瑟（Heather）在她的大賽局中示範了這種轉變，她在一家製造公司的設備租賃財務部門工作，她對上司很失望，打算離職。她感覺被無視，於是她仔細追蹤他說了或沒說什麼重視她的話語。她就像溫度計，每當他沒能適時表揚她，或者未應她要求給予支援，她就會心生不滿。

她轉而專注於成為問題解決者的目標，全公司帳務系統的崩壞讓她和其他團隊感到震驚。她開始熱中於解決這個重大技術問題，並召開了一場包括所有對此問題感興趣的各方的跨部門會議，開頭第一個月由一群她熟悉的業務夥伴共同參與，他們認為這次會議極富成效，要求邀請他們的主要同事加入。到了第三個月，它成為公司主事者的首選會議，因為她主導的流程已開始取得成果，為「行動派」提供了一個寶貴的交流場所，各部門的許多高級主管都爭相受邀。

她對每天監控上司的評價失去了興趣，一切就緒，她便全心投入尋找解決公司技術崩壞問題的替代方案，並獲得顯著的成功。她很滿意得到這樣的成果，還得到許多榮譽作為額外獎勵，她建立的人際關係使她擁有了她期待**透過**上司獲得的影響力。

這下她的上司總該認可並支持她了吧？並沒有，他還是老樣子，但她沒有玩這場試圖從他那裡得到認可的必輸賽局。她超越了困境，成為一位可以**自行**決策的、受人敬重的意見領袖（並在四個月後獲得升遷），同等重要的是，她樂在她的新職務中。

在另一個例子中，理查（Richard）是一家公司的總裁，他希望引導全公司積極投入永續發展，但又擔心自己在公司被一位他請來和顧問群共同合作的能幹員工搶了鋒頭。

他引進的這名年輕人，毫不掩飾自己有朝一日能成為公司總裁的熱切盼望，而他所流露的自信讓理查開始懷疑自己。在我們的討論中，他重新專注在他身為領導者的意志：「他可以在實現我們公司目標方面有出色的表現，這正是我雇用他的原因。」他這樣對我說，但實際上他是在提醒自己。他意識到他不該把自己的雇員視為競爭對手，並反思：「他是我的手下，他的成功可以顯示我領導有方，他將協助我實現我的遠大願景。」

理查能夠跳脫競爭利害關係的小賽局，這使得他能將精力重新投入更長遠的大賽局，以便為企業帶來其他戰略性勝利。

現在輪到你了：

1. 你的哪些迂迴行為會害得你失去主控力？你把自己的主控力交給了誰？
2. 你在什麼情況下意識到你在玩你的小賽局？
3. 你在什麼情況下玩（或者可以玩）你的大賽局？
4. 描述一下你的大賽局是什麼樣子。
5. 花幾分鐘描述一下你可以做些什麼來 Go Direct！

偏見和排他會加深懷疑

我所描述的迂迴手法是普遍存在的，我們是社會性生物，所有人對於別人如何看待自己都存有不安全感，加上我們普遍都希望被人喜愛、受人看重。但我想作一點必要的語境補充：重要的是要能區分個人的懷疑，以及因應高於個人歷史的大環境中的、種種結構和文化因素而產生的懷疑，這是因為「偏見和排他會加深懷疑」。

舉例來說，相較於男性，至今我們仍然傾向於給予女性一些針對改進她們性格，而跟業務成果無關的意見回饋，這會引起女性的困惑和懷疑，例如：不清楚如何在職業發展道路上立足、該擁有或需要發展哪些技能，或為何沒能在重要升遷中獲得青睞。為了適應這種關於自身性格的批評意見，許多女性會仔細審視自己的行為，並擔心自己是否取得了微妙的平衡來順利推動業務，同時又不會招來「衝太快」的批評。

有色人種女性尤其看不到高級職位上有太多和她們長相相似的楷模，決策者不認為她們符合偏狹刻板的、以歐洲為中心的男性領導者標準，她們也常在晉升到自己具備資格或已在執行（儘管是非正式而且沒有得到適當認可）的主管職務時受到忽略。禮來製藥（Eli Lilly）[19]的調查發現，黑人女性的心理安全感往往較低，儘管取得成就，但總會覺得不足；亞洲女性受到重視多是因為技術能力而非領導能力；拉丁裔女性則常被忽視。下面的引言為此一現實作了值得銘記的總結：「無論她們有多聰明、自信和有把握……當她們在工作中被邊緣化，不單是她們感覺自己像冒牌貨，她們是被迫感覺自己像冒牌貨。」

這些現實分散了注意力，而且讓一個持續不斷、沒有答案的開放循環永遠存在那裡：障礙究竟是由於性別和交叉性偏見的力量造成？抑或是因為「你本身有地方需要改進」？別人看不到你的價值，就會妨礙你客觀地承認自己的價值，這種能量消耗也會讓你的注意力偏離你的事業和生活目標（儘管對許多女性來說，這強化了她們在職場受人尊重並成為其他人榜樣的使命）。你必須察覺這些集體的無意識偏見和行為，如此才能辨認出它們和你個人無關。這將幫助你超越他人行為的干擾，從內在承認自己的價值，並致力於作出你應有的貢獻。你的目標能讓你重獲主控力，而每個握有主控力的人都是變革推手。

（要進一步了解如何客觀了解你是否面臨偏見，請參見旁註說明[20]。）

◆ ◆ ◆

找到你的目標

和你的「目標感」（sense of purpose）連結起來的第一步是，花點時間深入反思你視為目標的東西，你可曾寫下一句目標宣示，或想把什麼作為目標？

19. 編註：美國的跨國製藥公司，總部位於印第安納波利斯，禮來公司總計在全球五十五個國家進行大型臨床試驗，其產品銷往約一百二十個國家。

20. 原註：你想要培養客觀性以了解是否面臨偏見，因為這可能偏離你的目標。從多位經理那裡獲得反饋和全方位意見，這樣你可以獲得多元而非偏重於特定的觀點。即使對方沒有主動提供訊息，你也能進行關於晉升或工作擴展標準的細節討論與績效對話，了解你的績效與這些標準的關係，並要求提供可能的職業發展途徑。保持對已知偏見的敏感度，這樣可以在這些偏見發生時快速辨識，並使用你將在「強大的真相」入口中學到的方法，來要求對方進行公平的處理和對待。最重要的一步是和盟友建立關係，因為他們可以代你發聲，並放大你的意見，以確保結果的公平性。此外也要與支持者建立關係，如此可以幫助你不斷擴大影響力，同時也能透過你的影響力來創造文化上的改變。

最棒的做法就是進行一個源自「五個為什麼」（5 Whys）的練習，這是一種探究你想解決的任何問題的方法，它讓你重新認識某件事為何對你如此重要，進而迅速找出你的目標源頭。隨著層層深入，你將更清楚地推敲出，你投入大量努力的核心本質（也可利用 StrengthsFinder™ 等優勢測驗進行評估）。

第一個 Why 是寫下問題的初步答案：

1. 你的目標是什麼？＿＿＿＿＿＿＿＿
2. 接下來：為何這對你很重要？＿＿＿＿
3. 為何這對你很重要？＿＿＿＿＿＿＿＿
4. 為何這對你很重要？＿＿＿＿＿＿＿＿
5. 為何這對你很重要？＿＿＿＿＿＿＿＿

我的客戶黛博拉・博格（Deborah Borg）是一家《財星》雜誌全球五百強企業人力資源和多元長，當我和她一起進行這項練習時，她的腦中已隱約有了目標感，因此大聲說出來是有幫助的，可以藉此提醒自己的目標是「為我們的兩萬五千名員工，及其家庭和社區的人們創造機會」。

和許多想要作出深遠貢獻的人一樣，她一直給自己施加極大壓力，擔心作為最高「人事長」，所有目光都集中在她身上，接著又關注管理團隊會對她的效率持有什麼看法。她一直告訴自己，她得要清楚公司如何培養更有文化凝聚力的所有答案，而不是該如何成為變革的最佳推動者。

專注於目標之後，她了解到自己不需要知道所有答案，也不需要確保大家認為她已掌握所有答案，因為你的目標是「讓你從他人的期待中解放出來」的一種方式。她告訴我，「對我來說，真正的轉變是我意識到，最重要的不是我的觀點被採納，而是我們在整個組織中擁有和諧一致的觀點。」她發現自己能發揮的更大影響是在管理階層中保留對話空間（即使是令人不自在的對話），以找出組織抗拒改變的根本原因。透過重新關注最終目標，她了解到「我仍然可以有自己的觀點並提出方向，但為什麼**我**需要知道所有答案？對我們來說這是個新的領域，我們都在尋找出路。」這讓她擺脫了自我懷疑。「我不會質疑或過度思考事情，也不會搶先一步預測他們要說什麼。針對同一組問題採取不同方法，並在壓力時刻重新鎖定目標，真是一種極大的解放。」

我看到她在談話中表現得越來越大氣，她的真誠和目標明確激勵了其他人也跟著做，博格說：「我注意到我的身心健康改善了，時間一久，我發現，進一步掌握力量的我為組織帶來了好處。」她的高級領導團隊在問題上的連結更加緊密和一致，「我們解決了許多將會影響我們全體員工，和我們公司所在社區的重要議題，當我偶爾收到一張感謝我們團隊所作貢獻的便條時，感覺真的很好。」請注意，如今她把這些對自己貢獻的正面評價，看成是一種「實現目標後所產生的極大滿足感」的錦上添花，而不是用來確認自己走在正軌上的必要讚美，這就是我所謂的「Go Direct」。

這是一個說明如何找回主控力的絕佳案例，你的貢獻所獲得的有意義回報，以及意識到自己正在實現目標的感覺，會讓你「很有感」。

《帶著崇高目標做銷售》（*Selling with Noble Purpose*）一書作者麗莎・厄爾・麥克勞德（Lisa Earle McLeod）強調，「人們往往認為，『設定目標』是對自身天賦的內在探索。說到目標，大家常忽略一件事，就是為他人帶來改變能讓我們感受到最大滿足。」

一旦連結上你的目標，你會認為自己**有責任運用力量，帶領人們一起實現這個目標**。當你展現自己的力量，你也提升了他人。

當你將目標融入生活，即使不執行特定角色，你也能從它汲取力量。《紐約時報》暢銷書《搭橋：追求上帝的種族和解之心》（*Be the Bridge: Pursuing God's Heart for Racial Reconciliation*）作者塔莎・莫里森（Tasha Morrison）對此舉例說，掌握自己的力量「就是要了解**我是誰**，我不是由我所做的事或別人認為我是誰來定義的，對我來說這是一種解放。我是變革推手、搭橋者和領導者，我可以用任何身分、在任何地方做到這點，我可以在超市裡做到這點。」你越是和你的目標緊密連結，你就越能夠在脫離主控力的困境中連結上它，而它也越能成為你在世上立足的方式。

將關注轉向你的服務對象

如果你有過讓自己擁有更大主控力的想法，但又自問「我憑什麼承擔這種事？」那麼你就是任由你對他人觀感的擔憂來決定你的影響力，你讓想像中的他人評價削弱了你的力量。

反之，試著改變一下問題，問「誰會從我的勇於發言、尋求資源、提供構想、承擔更多責任等等做法中受益？」這些人是你擁有主控力的終端使用者和受益者。如果你要擔憂別人怎麼看你，至少得把擔憂用對地方！與其擔心他們對你的評價，不如擔心他們面臨的挑戰。加強同理他們的困境或顧客旅程（customer journey）[21]，把擔憂用在如何幫助他們。讓自己充滿目標感，沒空去想苦惱的事，只想著如何為那些你可以提升的人帶來更多價值。與其想要覺得自己受重視，不如做個有價值的人，然後去享受讓自己感覺有價值的體驗。

有意識地把注意力轉向自己行為的終端使用者，這正是我的客戶布蘭達・薩爾斯－賈西亞（Brenda Salce-Garcia）所需要的細微調整。她在一家廣告工程公司擔任主管，大夥拚命工作卻士氣低落，有些人辭職了，她覺得顯而易見的事實是，這是公司高層建立文化的好時機，然而她的職位比管理團隊低一階，有時不敢發聲。「我是該位階唯一的女性和有色人種，而且才剛剛升職。我很緊張，覺得如果我無法百分百確定自己是正確的，就不該說出來。那段時間，我非常內向，活在自己的腦袋裡，細細分析自己做了或沒做的一切，把自己弄得筋疲力盡，再也沒有精力去做別的事。」

「後來，」她說：「我想起我的目標：我這麼做不是為了自己，我必須思考自己以外的東西。我想著我要支持的人，想著我那些筋疲力盡的同事，還有我的顧客。明明有解決辦法卻不提出，以致顧客紛紛離去，這不是我要的生活，這促使我大聲疾呼。」

「一開始我有點膽怯，但藉由指導課程我克服了這點，我問團隊高層：目前我們採取了哪些措施來維持客戶留存率？我將員工不滿的例子和客戶留存率的流失風險連結起來。」她說：「要是我們不盡快解決這個問題，會有更多人離開公司，而一旦大家紛紛離開，那麼你們想做的新世代廣告平臺，將要花更長時間去執行。」領導團隊跟隨她的引導，甚至**要求她開始主持接下來的會議**，以便進一步了解她的觀點。如今她的精力有效地用於她的目標，而她也能夠每天下班回家陪伴丈夫和兒子。

你或許在社交中得到許多關於該如何行動的期待，但這不是你的目標。你的目標不是「讓大家安心」，在工作中，你的目標是履行一個有助於整體成果的角色，而且參與建立一種讓每個人都能蓬勃發展的集體文化。超越你的個人顧慮，讓這個目標引導你，即使你不知道所有的答案，你仍然可以為了達成目標而自信地傳達這點，例如「這部分我了解，這部分我還不清楚，但這正是我們在此要努力解決的，這也是為什麼我想在數據顯現之前把問題提出來。」

如同布蘭達說的，一開始你可能會擔心其他人（包括高級主管）對你的看法，導致你退縮不前，謹慎觀察其他人以確定自己該說什麼，以及何時說。為你服務的人挺身而出，從他們的支持中得到勇氣，當你將精力從自我評斷轉移到目標上，你

21. 編註：就是所有顧客與品牌有互動到的環節所串聯而成的一個紀錄，這個所謂有互動到的環節被稱為「接觸點」，而從第一個接觸點一直到最後一個接觸點串在一起時，就成為了「顧客旅程」。

將體驗到原本困在心理漩渦中的能量完全得到了釋放。你很可能獲得賞識，並發現許多超出你預期結果的**無心插柳**的機會。

這就是當你直指目標，並努力實現它時的狀況：你在玩一個更大的賽局。人們會被這種霸氣和領導力吸引——他們會希望參與你所做的事，跟隨你，看你能把他們提升到何等高度。「給我來份和她（他）一樣的！」[22]

你可以在生活中的某個部分，將問題從「我憑什麼？」轉為「誰會從我開始擁有主控力並實踐目標後受益？」。

擁護、服務你的受惠者

這裡有個為了實現目標而行動的相關思考方式，在針對西點軍校（美國軍事領導者訓練學院）學員的一項研究中，你認為戰鬥中最成功領導者的首要特徵包含了什麼？愛的能力！擁有這種特質的領導者會根據部屬的需要作決策，這些領導者將自己視為學員的擁護者和服務員。

你可以藉由啟動你對他人的愛來跳脫自己的小賽局，這對你可說是輕而易舉，所以我知道你一定很擅長。最近我受邀擔任西點軍校婦女會議的主講人，同樣遇上了這個拐點！

我很榮幸，而且出於對他們為國效力的感激，我真的很想提供一段能深刻鼓勵、增長她們的個人體驗。可是到了寫講稿時，我開始懷疑自己：「對一群熬過嚴酷的軍事化體能訓練、為戰爭前線數十萬官兵協調後勤，並在地表數一數二的男性主導機構擔任領導職位的女性，我能說什麼呢？我能告訴她們的，她們肯定早就都知道了。」

但我正在寫一本關於主控力的書，它的內容難道沒有一點足以影響她們人生的東西？我只要小心別說過頭，然後全力投入。我要求和企劃委員會展開小型焦點座談，得到了一份她們所面臨的挑戰、而我絕對有解決方案的詳細清單。

而且，我在演說中安排了一段互動體驗，讓她們看見自己在西點軍校姊妹眼中的身影，藉此深深讚賞自己，為自己的使命感到自豪，同時幫助其他西點軍校女性起而效法（沒錯，場面有點催淚，畢竟，因為自己的目標而得到認可是極其深刻的體驗）。

這種和你的自信、自我關愛的連結是一種轉變，可以增強你提升他人的能力。

22. 編註：“I'll have what（he or）she's having!”，電影《當哈利碰上莎莉》（When Harry Met Sally...，一九八九）中的經典臺詞。

迂迴手法是控制性的，在某種程度上，你是想讓人們**需要**你（因為當你既討喜又完美，你就變得不可或缺了）。但如果你想真正提升你的力量，就要表現得讓團隊成員／追隨者／客戶不僅需要你，而且**想要**你，也就是說他們想和你一樣，而且成為你所做的事情的一部分。他們**想要**擁有你的能量，他們**想要**有你所握有的影響力。

當你在生活中體現出那個角色和目標，人們就會執著於他們想成為的那個自己。他們會將這個理想角色和你連結起來，這成為一種毫不費力的影響他人的方式，不必大費周章讓其他人改變，因為你只要做自己，便能幫助他們成為自己想成為的人。

總之，試圖透過尋求別人的認可、避免別人批評或不讓他們失望，來控制別人對你的看法，是一種讓你陷入「小賽局」的迂迴路徑，而且毫無勝算。這是一種沒完沒了的惡性循環，你從別人那裡獲得越多掌控感，你就越需要繼續這麼做，因為你沒有從內在建立這種感覺，這是壓力大又累人的事，這不是你**在此**的目的。專注在目標上可以讓你脫離無力感的狀態，它能將你的注意力重新導向你的人生方向，將你和源源不絕的內在能量、也就是你與生俱來的使命感連接起來。

當你可以獨立自主地堅守目標、無懼任何挑戰，你的生活便會進入良性循環。你不會需要或為了得到認可而活，但你會因為你作出的大格局貢獻而獲得更多回報，你想要的機會將會到來，或者出現更好的機會。事實上，我**確實**在十五年後到白宮進行演講（幫助團隊處理壓力並防止倦怠），並在世界各地獲得無數演說機會。甚至此時此刻，當我喃喃提醒你回到內在、重拾主控力的種種，我都是在玩我的大賽局，為了實現我的目標而努力。

為了做到這點，你必須將自己從生活中的自我批判情節中解放出來，至於做法，我將在下一個入口告訴你。

主控力實務：目標

1. 你的目標是讓你感覺最有活力的事，它能讓你隨時重新連結上你的內在力量。反思什麼是你的人生目標，利用「5 Whys」練習作為開始，享受將目標融入生活的感覺。
2. 迂迴行為是你的小賽局，當你忍不住想採取迂迴手法，請在腦中進行演練直到它合理結尾。如果是迂迴的，你會有一種緊繃反應，一種不希望事情（再度）以這種方式展開的認知；反之，表現出你的地平點角色，直指目標。注意：迂迴行為有四種模式，例如尋求認可、避免反對意見、老是關注自己不夠好……每一種手法都有策略可幫助你克服或加以扭轉。想了解你所使用的模式並得到適合你的策略，請上 www.inyourpowerbook.com 網站進行完整的主控力評估。
3. Go Direct！了解你的大賽局是什麼，然後展開行動。將你的問題從「我憑什麼？」轉為「誰是我的終端受惠者？」全力投入，為那些會因你採取自信行動而受益的人們服務，不是為了自己，而是為了你想要支持的人。

4. 藉由成為你想成為的自己，來幫助他人成為他們想成為的人。

5. 如果你在公司或社區內感到欠缺自信，請客觀地思考，這有多大程度是因為你在文化中受到的對待方式，抑或你固有的個人自信水平所造成。採取方法來要求得到客觀對待，不要內化它，運用你的「目標感」來超越偏狹行為，並完成更宏大的事物。

CHAPTER

07

心理：從直覺反應到拿回力量

「直到你將無意識變成有意識，它將主導你的人生，而你將稱之為命運。」

——心理學家／卡爾．榮格（Carl Jung）

想像你正在購物中心停車場移動車子，後面的車主按了喇叭。這時，你的直覺反應會是什麼？

- 真是沒耐性又好鬥的混蛋！
- 我一定是不小心擋了他的路。
- 他是不是在警告我什麼？
- 他的妻子剛走出商店，他想引起她的注意。
- 他肯定有急事，我得趕緊讓開。

你並不知道他為什麼按喇叭，但你可以創造一種解釋或情節來說明原因，這個情節由你的經歷塑造，而且決定了你的反應。如果你認為他在警告你，你會掃視車子周圍，來確保不會被別的車撞上；認為他是混蛋，你可能會對著後照鏡咒罵他。

我們都常做的這種故事編造並不是某種病態，而是我們理解體驗並選擇回應方式的一種人類獨特能力，這也使得我們有別於純粹憑本能行事的動物。但它非常重要，因為事件中留存下來的不是它的實際情況，而是你敘述的關於它的故事。

人的天性也會導致我們將故事變成「事實」，離開購物中心時，你可能會藉著和好友通電話聊天發洩情緒，「有個混蛋把壓力發洩在我身上！」你不太可能告訴自己，「那傢伙按了喇叭，**當時我的看法是……**」你對這事件的觀點已成為你當天歷史的一部分。

而你選擇的敘事可以幫助你穩住陣腳，也可以讓你亂了手腳。

你的敘事決定你的生活品質

我們每天都會經歷數十次「喇叭聲」——老闆把你解雇、朋友不回覆簡訊、有人沒按照你的要求去做……其中有些不太會影響你，有些卻會讓你抓狂，為什麼？

如果他們的行為重演了一個深植你心中的、令你氣餒的事件——我稱之為你的

「頭條故事」（lead story）——你就會作出反應。你把當前的經歷和你過去某個類似主題的困境連結起來，特別是早年的經歷，導致你對自己訴說起這個負面故事。這則儲存在你無意識中的故事就像火種，而當前讓你想起它的經歷就像一根點燃它的火柴，換句話說，當前的經歷是一個觸發因素。

觸發因素是**讓你想起過去某種屢屢發生的**、**讓你失去主控力的沉痛提醒**。

你的頭條故事很少會公然顯現出來，但它潛伏在你腦中，成為你的自我認同和自我概念的基礎。通常它可以歸結為一個主題，並以一個懷疑性問題來表達：「我夠好嗎？」、「我討人喜歡嗎？」、「我符合要求嗎？」也可能以一種信念的形式呈現：「我不夠格」、「我很沒用」、「我不夠好」。這故事正是誘你作出防衛性反應、將情況看成是針對自己而且難以釋懷的**陷阱**。

我的客戶對一個手下很惱火，因為他沒有遵照她的明確指示，去爭取高能見度的行銷傳播。她多次嘗試追蹤，但仍然沒收到他的回報，她感覺自己完全受他擺布，對他充滿怒意，擔心自己會突然抓狂。我們從這個情況中有了一個深刻理解：它觸動了當年她父親對她母親施虐，而她卻無力阻止的那種無助感。在憤怒底下，她感到害怕，而她的頭條故事是：她很沒用。

只要你內在有這麼一個充滿無力感的地方可去，他人的行爲和外在環境便可在

未經你許可或預警的情況下將你送往那裡。

你會關注周遭發生的狀況以及別人做了（或沒有做）什麼，來作為你尋求解答或確認你的信念所需的情報；你會掃視各種情況，**從別人那裡**尋找訊息來證實你的懷疑或信念。但這是一個迂迴的過程，這會使你認為事情是針對自己——覺得別人的行為和外在環境多少是在**指涉你**，而且不只是關於你如何處理那個特定情況，也關係到你的為人，這就是為什麼其他人似乎總能左右你的情緒。

失去主控力看來似乎是對外在發生的事件的反應，但實際上是你落入了內在的個人陷阱。當你對觸發因素作出反應，你會「重新啟動」之前的無力感體驗，也因此你的反應往往和當前情況不成比例。原本只是我們平日的一次互動，我們卻把它當成了對我們自身價值的表決。

它讓我們看不到所有可用的訊息，我們在腦中編造了一個故事，然後透過它的過濾器來曲解訊息。我那位擔任行銷主管的客戶就是這樣，當她的手下沒有採取行動，她認為這是衝著她來的（後來她發現，他拖拖拉拉是因為，重新檢視該方案會暴露他在之前的電子表單中的錯誤）。在一種反應性的生存狀態中，所有訊息都會被導向「這對我意味著什麼？」而不是「我如何能為所有人的利益提供解決方案？」。

我很了解這種體驗，在我的職業生涯初期，我搬到紐約市並被分包到一家大型人才招聘和領導力公司擔任主管教練，當時我透過朋友介紹進了這家公司，希望能延長這段雇用期，作為我在該地展開新生活的橋梁。第一次雇用期過了三個月，我收到令人震驚的消息：我的客戶被解約了。第二天，我收到一封公司教練組主管行政助理的email，要我安排一次電話會議。我進入反應模式，馬上認定我的客戶被解約是因為我的緣故，我責怪自己：「我漏掉太多細節了，都是我輔導不周才會發生這種事。」

我這一生花了大量時間檢視別人對我的看法，來了解該怎麼看待自己，我的頭條故事主題是「我無法相信自己／我不夠好」，這導致我擔心公司會連我一起解雇，不再派新業務給我。我連續好幾晚睡不安穩，然後就在我和「大老闆」進行電話會議的那天早上，他的助理把它延後了三週。啊！這期間我陷入了痛苦的期待當中。

當我和教練組主管終於通上電話，談話持續了五分鐘。他說什麼？「我想知道妳是否願意指導我的一位陷入困境的私人好友，不少人對妳的表現讚不絕口。」三週以來，我終於感覺可以正常呼吸了，所有的情緒起伏都是**枉然**！

重新連上我的理性腦，我打電話到公司詢問為何我的客戶被解約，才得知這事與我無關，而是由於她一年前發表的公開聲明，結果證明那對公司造成了負擔。我本該在幾週前就發現這些訊息，但我沒有採取建設性行動，只因我錯誤地設想她是**因爲我的疏失**而被解約。

也許你意識到自己的頭條故事，也許你試圖克服它但沒能做到，也可能你隱約知道它的存在，但又不知如何形容。因為我們的火種深藏在我們心中，也許它看來不是你能掌控的，你將非常容易受到觸發因素的影響，白白消耗能量，或者必須耗費額外能量來消除你的反應。但有許多方法可以超越這個觸發點，有意識地看待你所陳述的故事，是你在生活中擁有主控力的金鑰，心理入口將教你怎麼做。

你有權選擇一個新故事

你可以有意識地分解一個頭條故事，並編寫一個將成為你的首選故事的新故事。透過持續留意舊故事是如何讓你失去主控力，久而久之，你將越來越能輕易地轉換敘事。第一步是找出你的頭條故事，我將告訴你如何利用「故事練習」來進行。

你可能需要拿出一疊紙或打開電腦，設定一個五欄表，如下所示。

欄1 事實／事件	
欄2 頭條故事	
欄3 替代故事	
欄4 地平點	
欄5 行動	

我將以我的客戶、某診所的醫療主任賈娜（Jana）為例，來引導你填寫這些內容。賈娜和診所一位非醫生行政主管瓦萊麗（Valerie）密切合作，她告訴我，她多次覺得遭到瓦萊麗的不尊重和控制。賈娜在共有行事曆上看到，診所已為他們團隊中的一個重要醫生職位安排了面試，但她沒被邀請參與，她為自己被遺漏而氣憤不已。

◎欄1：事實或事件

在本欄中，你只需寫下引發你反應的事實或事件，對賈娜來說那就是：

我沒被列入醫生面試會議的邀請名單。

確保只陳述事實，而不加入你對事件的解讀，例如「她把我排除在過程外」不是事實，「她安排了一次面談，而我不在邀請名單上」則是**事實**。

◎欄 2：頭條故事

在本欄中，記下「你心裡怎麼想」，寫下你告訴自己的、關於事實發生原因的直接想法，以及你的直覺反應，對賈娜來說那就是：

「她認為我不需要參與。」

接著，為了找出是什麼原因讓你用這種方式看待這情況，進行深入探索。問自己一個我所說的「深挖」問題：「『頭條故事』對**我**意味著什麼？」賈娜寫下：

「它意味著：『我的看法不重要，我的領導沒有價值。』」

接著，再次深入探究與此相關的、你對自己更深入的思考。對賈娜來說是要問：「『我的看法不重要』對我來說意味著什麼？」她的回答是：

「這意味著，我在我的職位上毫無價值。」

這就是賈娜的頭條故事。她的同事在沒有邀請她的情況下安排了一次面談，這引發了她的首選解釋：她因為毫無價值而被排除在外。注意，從表面挖掘到這裡只經過三次聯想。在她看來，就好像瓦萊麗發了一封 email，主旨是：「賈娜，妳一文不值，所以我們沒有讓妳加入。」瓦萊麗的行為讓賈娜想起過去一些導致她懷疑自身價值、並陷入無力感的經歷。

實際情況是，我們**被自己的頭條故事困住**，自認已經徹底分析了整個情境，其實只了解了一點皮毛。當你確信了你的頭條故事，接下來會如何？那天剩餘的時間她一直思考著這件事，當晚向她的丈夫抱怨，還給瓦萊麗發了封 email，詢問為什麼她被排除在外，這既沒有說服力，也沒有建設性，因為這強化了瓦萊麗有權決定邀請誰的想法。

◎欄 3：替代故事

第三欄是你拿回主控力的起點。回顧事件和自己所處情境的背景，**要求自己想出至少三個替代故事**，來解釋事件／事實發生的原因。

賈娜的替代故事是：

1. 瓦萊麗忘了，因為她父親住院讓她分心。
2. 她認為我寧可不參與，並希望她先調查一下應徵者，然後我再和他們會面。
3. 我們沒有正式的面試流程可遵循，因此她不知道要把我列入。

考慮這些別的解釋，可以讓你了解事件是關係到當天的互動，而不是你過去的經歷。提出三個替代故事時，你需要考慮情況的 3D 背景——了解每個人的行為、你們之間的互動，以及任何重要的脈絡。

如同視角入口一章討論的，重要的是要考慮某人行為背後的原因，而不是表面上的性格缺點。你的故事不必是正向的，只要夠厲害即可，有時最厲害的故事是看似負面的那種——承認對方確實有其局限性，無法和你聯手讓情況改善。

要問一些合乎情境的問題，例如：

- 對方想達成什麼目標？
- 他們正面臨哪些壓力源和限制？
- 他們的行為表現出什麼性格，儘管與我無關？
- 你們之間有什麼沒結清的歷史過節？
- 有什麼溝通上或組織層級的障礙？

在未來的所有可能觸發情況中，在允許自己採取任何行動之前，要求自己先想出三個替代故事。

◎欄4：你的地平點

在第四欄中要提醒自己，你在地平點上想成為誰，而賈娜想成為一個沉著冷靜的問題解決者。

這是你重拾或保持主控力的高潮時刻：這時你要選擇能夠讓你展現地平點狀態的替代故事。賈娜選擇了瓦萊麗試圖節省時間，以及她可能是因為父親住院而分心的故事。

◎欄5：你的反應

第五欄是根據新的理解來決定你的回應方式。賈娜帶著對情勢的新觀點，扮演一個她想成為的「鎮定的問題解決者」角色，她又給瓦萊麗發了一封email，表示她對這次面談感到很興奮，並要求重新發邀請給她。她還要求制定新員工面試規則並加以監督，以免類似狀況再次發生，最重要的是，賈娜擺脫了心理漩渦。

人們只看到你作出的第五欄行為反應，然而決定你是否擁有主控力並採取合作行動的，是你在第一到四欄的處理過程。

我們怎麼會陷在頭條故事裡？首先，因為**個人化**（personalizing）——你總認為別人的行為跟你有關；其次，因為**籠統化**（generalizing）——無法就事論事。比起「我應該可以多做點什麼來建立招聘流程」，「一文不值」是最以偏概全的想法。

沒有人是絕對好或壞的，頭條故事掩蓋了情況中的許多重要的微妙差異。你的學習就從第三欄開始——想出實際情況的替代故事，仔細觀察導致該情況的各種因素，甚至你在這次互動中可能扮演的角色。同樣地，當我們對他人懷有不滿，就很難注意到他們也在加緊努力。「故事」分析使得你超越那些讓你脫離主控力的、未受檢視的敘事，否則，如果一週後發生類似情況，你仍然會有同樣的反應。不管別人的行為是否保持不變，**要打破模式**。#就看你的表現了！

這是另一個案例：

事實／事件：

史蒂夫（Steve）是一個創業團隊的領導者，一名團隊成員向他展示了她發出的、帶有兩個明顯錯誤的客戶招攬文宣。

頭條故事：

她無能且缺乏動力（注意這是籠統化的）。

深入挖掘：這對我意味著什麼？我識人不明；我沒有建立好的公司文化；我不是一個好的領導者（注意他把她的行為個人化了）。

替代故事：

1. 她沒有充分理解她的任務。
2. 我們還未建立究責的溝通機制。
3. 這名員工目前不夠細心，需要專門指導和激勵來培養它，否則她不適合也不該在本公司工作。

地平點：

追求卓越的動力

行動：

他向團隊傳達出更激勵人心的卓越願景。他透過彰顯那些做事細心的成員來定調，並制定流程，對文宣成品投入更多關注。他也和需要改進的團隊成員進行積極的雙向對話。

很重要的一點是，史蒂夫可能多少對他的團隊成員的錯誤負有責任。他確實可以好好解釋工作內容、創造究責文化等等，但這並不表示他總體上是個糟糕的領導者。他可以在他的50％可控範圍內做得更好，以避免出現讓他失去主控力的情況。

現在輪到你了，想出兩、三個你最近失去主控力的例子，然後進行練習。

欄1 事實／事件	
欄2 頭條故事	
欄3 替代故事	
欄4 地平點	
欄5 行動	

檢查你為每個事例寫下的內容，並在你一向相信的頭條故事中尋找共同線索，這麼一來你應該會發現，你得出了某種會讓你感到脆弱無力，並想要消除或擺脫的負面信念，或不利自己的結論。下一步是要了解這個頭條故事的來源，這將幫助你避免被它觸發，而且找到更有建設性、更慈悲的方式來拿回你的力量。

你爲何選擇了這個故事

說來你或許不相信，但的確是**你選擇了自己的故事**。聽我說，我們往往認為這種關於我們自身的負面故事是被我們內化了的、別人發出的訊息。我們會說，「我從小有個酗酒的母親」或「我在學校如果沒有拿 A，我老爸就會罵我」或「學校同學常因為我的體重霸凌我」。潛在的思維過程是「很多人向我表示或對我說我不夠好，於是我漸漸相信了」。

這的確有幾分真實性，我們確實會把生活中周遭人士的信念內化，將他們的感受當成自己的自動採用。但如果你對自己說：「我父母覺得我不夠好，所以我也這麼覺得。」你就會落入了軟弱無能的思考模式，你沒有任何動力去了解自己的處境，這會讓我們錯失為何產生這種負面信念的深入理解，而這種理解正是讓我們擺脫它的關鍵。

以這種方式思考時，我們沒發現的是，我們**選擇**了贊同父母或身邊其他人告訴我們的故事。這是一種應對機制，而我要告訴你為何這是一種**明智選擇**。

你選擇或創造你的故事是出於最重要的原因——為了保有**希望**。沒有它，你就不會是今天的你，擁有今天的成就。大多數孩子將他們早期的看護者（或兄弟姊妹／老師／教練／同輩）的行為理解為「他們是對的」，認為他們的看護者「在我身上看到了一些顯示我不夠聰明的東西」，因此看護者是對的，而他們自己是錯的。為什麼？因為，只要你認定他們是對的，你就仍然可以相信他們有能力對你好，提供你需要的安全感，照顧你。你可以相信他們或許會變得更仁慈，或者他們不久就會認識到你的才能或不再罵你。

你是在**保留你的希望**，沒了希望，我們將失去動力。當下的困境太痛苦了，希望賦予我們一種可以選擇並創造更好環境的主體感。

以這種怪罪自己的方式處理缺少支持或被虐待的情況，可能造成**短期的適應性心理犧牲**，它可能是兩害相權的選擇，因為另一種方式可能無法滿足基本需求。有些不採取這種方法來應對難纏看護者的孩子，反而會直覺地認為自己的需求永遠無法得到充分滿足，他們會變得絕望，有時會逃跑或輕生。

選擇認定自己有錯也可以是適應性的，因為它給了我們一種偽裝的控制感。孩子會想：「要是我變得更完美，讓他們高興，**那麼**我就不會被罵了」，「要是我對生活不能自理的父母多擔些責任，**那麼**我就能撐住他們，來讓我的基本需求得到滿足。」這就是透過他人獲得自信和自我價值的間接行為的根源，控制感有助我們去應對感到無助時的恐懼。

當生活繼續向前，我們的頭條故事可能會因附加的艱困經歷而更加強化。如果早期的生活經歷讓你編造了一個自己不夠好的故事，而你的第一個上司又非常挑剔，你可能會認為這是對「你的故事」的確認，而不是反映出你上司的完美主義或缺乏回饋技巧。這麼一來，我們可能會不自覺地強化了頭條故事對我們的控制。

將頭條故事變成人生故事

為了打破這種束縛，要為自己創造新的人生故事，一個反映你想成為什麼人的故事。

首先要反思，你是如何發展你的頭條故事的。放慢速度，花點時間建立這方面的自我覺察，也許拿出日記，或者和一位可靠的老友悠閒地共進晚餐，然後慢慢琢磨。一直以來你是採用誰的意見、透過誰的眼睛來這樣看待自己？哪些文化訊息影響了你的故事？你的故事如何幫助你適應生活？它是如何引導你走向迂迴路徑，尋求他人來肯定自己？它讓你陷入什麼樣的適應性行為模式？

現在你可以說：「這一切與我無關！」我要決定自己的人生故事。

你未來的生活是一本空白的書，而你就是它的作者。

請在下方寫下，你選擇用來取代頭條故事的人生故事是什麼？想想最近的一個你被情緒劫持、困在頭條故事裡的例子，接著插入關於你在該處境中的新人生故事，它能否讓你重獲主控力？

掌握自己的人生敘事

你可以將你的頭條故事拋在腦後，因為有了各個權力入口提供的所有工具，你不再像年幼時那樣需要它的保護。你有了新的保護形式，其中一個就是，現在你能超越無意識，講述關於你自己的真確故事。現在你懂得透過身體釋放情緒，再也無需害怕感受它們。

你不會再把事情看成針對你個人，因此你會覺得不那麼需要控制別人的行為了；你將能更有意圖性地作出回應；**你將得到自由**。

以下是我在這方面的若干親身經歷：我曾經真心相信「我這個人」客觀上「不夠好」，導致我動不動就跳腳，總覺得事情是針對自己。後來我把它看成是我在當下對自己的信念，但我不再認為那是包山包海的真相。我開始接受自己，無論當下我距離那個理想中的自己有多遠，我都能愛這樣的自己，即使我知道我還有一大段進步空間。

如今，每當我開始覺得沮喪並自我批判，我有一系列策略可以讓我在情緒激動之下恢復主控力。有時我會連結上地平點的亮光，讓這些光將我追求完美的焦慮能量包圍，直到它消散；要是我很相信自己的頭條故事，我會問：「梅爾尼克博士會怎麼做？」並邀她加入，一起來看看我會如何應對當下的惱人事件！或者，當我再度陷入同樣的舊模式，我會重新接納「全部的自己」，將語調轉變為我是多麼「可愛」或「有趣」；其他時候，我會回想自己擔任教練或跳性感舞蹈時的美好時刻，然後將自己的這些體驗疊加在我的頭條故事上——這會讓我想起自己是誰，讓我的眼神重新發亮。

當其他人將基於恐懼的刻板印象投射到我身上，我會更加享受自己的這些面向來抵消它的影響；也有些時候，當我感覺自己在情感上有些匱乏，就會給自己一些同情，饒過自己，不勉強自己去處理這種情況，直到重新找回力量。那個老故事不再是唯一和最響亮的聲音，它是我存在的一個面向，有時會被啟動，但它不再控制一切。我們可以讓自己的羞愧之心不再蠢蠢欲動，我們可以重新書寫自己的頭條故事，我們可以掌握自己的人生敘事。

我曾經有位客戶，在我們共事之後說：「我就是我，我很**滿意**。」現在我懂了，希望你也懂。

陷入頭條故事的漩渦時，你可以在情緒激動的關頭使用哪些策略來找回力量？花點時間思考一下，你可以藉此掌握自己的人生敘事，建立主控力在握的嶄新體驗。

負面的頭條故事也可能是有害的、歧視性訊息的一種結果，例如社會讓我們覺得自己很糟，覺得自己像個外人。我們被迫對自己的身分、處境或所愛的人感到羞恥；我們接收大量來自媒體和社群媒體的貶抑意象，我們在日常互動中受到輕視，如果不順從，我們就會被羞辱。由於這些訊息無處不在，我們經常下意識地將這些「我們不足或不夠格」的刻板印象內化，而這種內化可以堆疊在我們個人的頭條故事中。

但我們可以拿回權力，放大視角來了解這些訊息是源自他人的恐懼和盲點，這可以提供我們替代故事，幫助我們避免因為老覺得別人的行為有針對性，而強化自己的頭條故事。它可以幫助你從強加在你身上的敘事中分離出來，這樣你就可以說：「這一切都與我無關。」

這種有意識地不內化的意圖由《內在：療癒職場的種族創傷》（*Right Within: How to Heal from Racial Trauma in the Workplace*）一書作者敏達・哈茨（Minda Harts）充分證明，她描述了她沒有內化她的白人豪宅鄰居把她誤認為送貨員的微侵犯：「我必須作決定，是否要將這種情況內化，讓它在我腦中占據空間，這只會給我帶來慢性壓力；我也決定不要為了她的冒犯而責怪自己。我再也不允許任何人的無知來破壞我的寧靜和療癒過程，我正積極選擇向前走。」

透過不內化這些訊息並釋放情緒，你便已準備好成為一個了解自身價值、說真相，而且懂得在生活中設定界限的人。光是藉由展現自己的方式，你就能為自己保留能量並成為變革的推手。

你可以做一個練習，它和之前你在**被迫感覺自己很糟**的情況下，創造新的人生故事所使用的練習很類似。列出你在哪些方面，為自己和自己的身分感到自豪和欣喜？什麼策略可以幫助你擺脫頭條故事的束縛？讓自己忙於活出自己的新人生故事，來幫助自己像敏達・哈茨書中說的：「積極選擇向前走。」

把故事分配給部分的你

如果你覺得把自己的頭條故事捏成一團扔掉有些難度，那麼還有一個方法可以減輕它對你的控制，就是在你的腦中將它概念化，然後成為你的一個防護部分。保持一定距離，你可以和它合作，而不是被它劫持。例如，我們常有這樣的說法：「那部分的我」想在這個週末出門，但「這部分的我」想待在家裡。當你聽到「你不夠好」的內在想法時，如果把它看成你的一個象徵「部分」——承載著「你不夠好」的感覺和提醒——將會比較容易理解。

勞倫（Lauren）是她所在組織的數位轉型主管，這角色對她和組織的未來都很重要，而她的頭條故事是她了解得不夠、能力不足。她處於主管職位，但不相信自己能作決策，在會議上幾乎不敢發言，唯恐說錯話或做錯事，然而每次她不發言，她又會責怪自己。

我引導她進行一項受了心理學者史華茲（Richard Schwartz）的著作啟發的練習，他提出一種理論，認為人類不是具有「單一心智」（mono-mind），而是由多個部分組成的心智。儘管你可能不喜歡自己的某個部分（例如，自我批判的「部分」），但你想要欣賞史華茲博士所著《沒有不好的你》（*No Bad Parts*）一書中所呈現的概念：你的每個部分都有它的意圖。史華茲寫道，每個部分「都有一段隱密而傷痛的歷史可分享：關於它如何被迫扮演自己的角色，並背負著許多它不喜歡但繼續被其驅使的負荷。」

我們使用以下比喻，將勞倫的頭條故事重新概念化，成為她的「部分」聲音：她是她人生的執行長，而她的這個部分就像在「風險管理」部門工作的中層經理。這個部分認為，它的工作是監督她在每次會議中的行為，加重批判，而且在她可能說出招來羞辱的話時制止她發言。

將這聲音具體化並把它視為一種比喻的做法，克服了她因為本身的自我批判想法而產生的無力感，然後她可以為自己的內在對話帶來更多樂趣，並重申對自己的主導權。她提出了關於這位手下的替代故事——把它看成一名極力想要維護公司，但熱切過了頭，以致沒弄清楚什麼是對她聲譽的真正風險，什麼是假警報。針對這點的自然解決方案，在她看來十分真實——他們一起想出了一套，用來確定她所面臨風險程度的標準。她教導「這部分的自己」如何讓她知道它的擔憂，但是不替她作決策，好讓她可以決定何時要拓展自己的舒適圈。

勞倫還解釋，作為執行長，她對自己的一生目標，具有中階風險經理所無法企及的宏觀視角。她將人生中各種事項的優先順序設定為領導力、指導團隊和發揮影響力，而且宣稱這些事項的重要性高於避免說蠢話的目標。她和「這個部分的自己」進行了一次內在「談判」，產生了一種讓她能夠從「這個部分的自己」獲取訊息，同時作為最終決策者的方法。

她發現這種心理練習很有幫助，這種新的合作方式需要更多自信，並容許更多風險。她告訴我，她和風險經理在一些高關注度的會議上，有不少心照不宣的眼神交流，她在會議中所知有限，但不再尷尬閉嘴。她能更快作出決策，並主持一些會議，這些會議不見得屬於她的主要專長範圍，但正讓她的組織逐步走向數位解決方案的未來。如今，她的人生故事是她自己的選擇。

要了解並療癒你的各個部分，最好能和接受過這類工作訓練的顧問或教練共同合作，你的某些部分也許包含了你自己可能察覺或沒察覺的強烈情緒，能有一個擅長為你和你的部分保留空間，並讓兩者的需求都在談判中得到滿足的外在的人來協助，將非常有益。

但你可以開始和那個關係到你的頭條故事的部分，建立更有意識的連結，也許回想一下最近一個你對自己說起這個頭條故事的例子。然後，先將手放在這個關鍵部分所在的身體部位，開始留意它是在哪些狀況下被啟動的，尊崇並讚揚你的這一部分迄今為止在保護你方面所發揮的作用。你甚至可以盤點該部分所提供的幫助，以及它是如何用它的方式妥善保護了你。你可以感激由於它的保護而積累的一切成功，以及萬一少了它的保護所可能發生的各種狀況，對它說它是多麼有才幹。想像環繞著那個部分的你，帶給它感激和關愛的能量。

將自己看成比那部分的反應更大，而且有能力為你的所有部分——「情緒鋼琴上的八十八鍵」——保留空間的人。提出你得到的關於自己要什麼的清晰度，開始有意識地傳達這一訊息，讓那些一直在滿足你的基本保護需求的部分，可以開始幫助你實現更宏大的目標。

超越你的故事情節

當你重獲主控力，你總會在某個時間點意識到你的頭條故事的重複，因而感到厭倦，並準備好超越它，過你選擇的人生故事。要做到這點，你必須對你賦予情況意義的方式產生更大的「自主感」（sense of ownership），正如我們在視角入口中把問題改為「這事會不會是**爲我**而發生？」你也可以將你的問題從「這對我意味著什麼？」改為「這會不會是**爲我**安排的？」

泰勒（Taylor）是某創業家社團的一員，該社團領導者出版了一本書，這本書的致謝詞包含了社團所有成員的名字，就一個例外：她。我能聽出她聲音裡的懊惱。「她是故意的嗎？」泰勒開始列舉她不求回報為這位領導者所做的一切，「我甚至幫她策劃了新書發表會。」

比這究竟是文書處理錯誤或有意為之更重要的是，當她意識到這情境讓她又陷入情緒裡的時候，她有了覺悟：「知道嗎？不管我的名字有沒有在書中，我**就是**當之無愧，而且我**絕不**容許這種事再發生。」她看到了機會，可以讓這情況成為她拿回主控力的轉折點。

當你逐漸嫻熟於在各種處境中建立準確的意義，你會來到一個階段，不再努力想弄清楚別人為何有某種行為，並為自己開創一種故事後的人生，因為去猜測別人的想法開始變成一種浪費精力的事。一句概括性的「他們是受限的」就足以道盡一切，而你是來成就大事的。

當你發出準備就緒的信號，宇宙就會給予你徹底覺悟的機會，這正是我一聽到泰勒的故事就有的猜測——這個情況可能是「為她量身訂做的」。儘管當下很令人懊惱，傷害又如此之大，而且是在一個她如此珍視的社團中，感覺就好像這是一次精心策劃的突破，好讓你**親眼看見並相信**你一向告訴自己的故事並非事實，進而提出你想要的人生故事。

對此我私下有個比喻：當你準備好在更深層次拿回主控力，你的「眾天使」會聚在一起開會，開始說著類似這樣的話：「泰勒很有才幹，可以有很多貢獻，可是她還處在一種『為每個人做事卻不求回報，然後被利用，讓我感覺沒有價值而不顯眼』的模式。這表示她永遠無法帶領公司完成重要使命，或找到真正匹配她的情人。所以，我們來制定一個計畫，**確保**這次她能記取教訓。」

他們一起腦力激盪、共同策劃。天使＃１：「我們可以藉由她的創業家社團來影響她，因為她真的很在乎這個社團，一定會引起她的注意！」天使＃２：「好點子，傷害可以來自領導者。」天使＃３：「嗯，領導者有一本書要出版了，該怎麼利用它作為道具呢？」等等，直到計畫完美建構，可以促成突破，讓她在新的層次上掌握自己的人生。警告：這並不總是那麼美好，如果你沒有遵循之前挑戰中拿回主控力的意圖，你的「眾天使」可能會為你多加一層痛苦，來確保**這次**你能為自己的人生擔起責任，不過，你會得到最終成果。

拋下舊故事不必然會伴隨著情緒的消耗，你可能聽過這句俗話：「你生命中那些難相處的人，是為了成為你的導師而來。」正因如此，你可以選擇在你經歷的任何困難經歷中，發現一個學習故事。我的一位好友在和一個極盡自戀的男人的婚姻中，漂亮地做到了這點，她最終和他離婚，並成為全球知名的能量治療師。

她告訴我的一些關於她前夫的行為，是我少見的、最具操控性的故事。他除了是個失職的父親，還經常惡毒地批判、錯誤地指控，最後她不得不訴諸法律來結束傷害。

我和一個對我**超**冷漠無情的人建立了關係，這讓我學會如何用心照顧自己。我必須靠自己的直覺過活，學習如何獲得更高的智慧，以便度過難關。我必須培養直覺能力去弄懂他的想法，知道他何時會有危險性。我必須全面地相信自己，讓自己無視於他的一切指責，以保持身心健康。這些技能在我的職業中變得極具價值，並造就了今天的我。

如今，每當她想起他，總會感謝他這位良師。她從自己不得不單獨面對的所有困難和努力中了解到，她可以成為一個擁有開闊心靈和充沛能量的人，然後幫助許多人獲得療癒。

當你的主控力達到這種程度時，你就變得不可侵犯了。困境不會毫無意義，能力受限的人們可以讓你**更加提升**，為即將完成的使命作好充分準備。

當事件不再將你送回那個被頭條故事盤據的充滿無力感的內在部分，你便可以主控力十足地大步行走於世上。無論**外界**如何變化，你都能將它翻轉為對你有利的人生局面。**當你內在擁有這種主權感，便再也沒有任何人或環境可以讓你失去主控力**。

主控力實務：心理

1. 每個人內心都有火種，可以在當下某個類似主題的互動中重新被點燃——你有什麼樣的頭條故事？
2. 你可以根據事實和情境來選擇你要說的故事，每當你發現自己與某個頭條故事產生反應，要求自己在採取行動前提出三個替代故事。
3. 你是出於重要的適應性原因而選擇了你的頭條故事，但你可以把它取消。寫下你為什麼選擇這個故事？它如何給你帶來希望？你的新人生要選擇什麼樣的故事？
4. 你可以將這種負面聲音分配給你的某個「部分」，然後試著了解它的保護功能（在對你的各部分進行深度探索時，最好和訓練有素的顧問或教練共同合作）。
5. 你可以到達一種超越所有故事、將發生的一切視為服務於你的人生目標的境地。面對目前生活中的各種充滿挑戰的情境，你認為你的「眾天使」正在努力幫助你作好什麼準備？

（請上至 www.inyourpowerbook.com 網站，學習可以讓自己從頭條故事中解放並步入你所選擇的人生故事的個人化策略。）

CHAPTER 08

專業：從不起眼到搶手

「宇宙中只有一個角落是你肯定可以改善的，那就是你自己。」

——英國作家／阿道斯・赫胥黎（Aldous Huxley）

「雖然妳在公司內受到敬重，多年來工作也很出色，但我們沒把妳列入考慮。」梅蘭妮（Melanie）是一家市價四十億美元的醫療保健公司的業務開發副總，而這是她從財務長那裡聽到的、關於她的上司剛空下的高級主管職位的說法。

你可以想像，這消息有如一記悶棍，讓她一時間不知所措。她失望尷尬到了極點：「我在這部門工作了十八年，竟然不是最合適的人選？」以及自我懷疑：「我能力不足，他認為我不夠格。我知道他們正在物色和前任主管類似、具有財務背景的人，而我比較是一個擅長人際關係的主管。」考慮到這個問題，她必須進行自我反省，好確定自己是否真的想要這份工作。可是當然，對一個自信滿滿的人說她不能做什麼，只會讓她卯起來證明你錯了，她向我尋求指導，說：「我非爭取不可！」

梅蘭妮有機會證明她是擔任該職位的合適人選，但顯然，說服財務長的做法是行不通的，她必須用自己的方式證明她能勝任更高階的職位。有時候，你可以利用你現有的能力去超越你的無力狀況，僅僅因為你有能力得出結果。你的專業度是你的「特調醬」，是你的知識與經驗的融合。

專業給予你力量，它為你提供了槓桿效益，使你變得可貴、值得傾聽；它促使其他人接受你的想法，滿足你的要求。在專業入口，你將學習如何在不得不召集其他人共謀解決方案之前，先盡可能自行解決問題；你將發展並運用你的獨特才能，來確保你的貢獻受到重視，而你（不是別人）擁有你自己的事業路徑的決定權。

梅蘭妮拜訪了她所在部門和相近部門的十一名利害關係人，進行了一趟傾聽之旅，她準備了一份強而有力的報告，內容是關於該部門的戰略地圖和未來願景，並反映了主要利害關係人的意見，以及她累積多年經驗的觀察，她開始向公司親身示範「團結更強大」（而非繼續各自為政）的價值觀。

透過這一切，她加深了對自身價值的自主感。三個月後，我們輔導結束時（在會談之後、聽到結果之前）她告訴我，「無論結果如何，我已成為我的地平點角色，一個有見識而自信的領導者！我是這樣看待**我自己**的。」整個管理團隊也是這麼看她，全體一致、熱情地票選她擔任這職位，她重新拿回了主控力。（至今財務官還常笑稱自己當初的懷疑有多麼錯誤！）

◆◆◆

說到專業性，不必過度依賴它而不利用本書提出的所有其他方法，但也不要不予充分利用，我們經常低估和淡化技能，正因為那是我們很容易取得的能力。對你來說，公開演說也許是小事一樁，對其他人卻是一件可怕的事；要為自己擅長的事自豪，而且要讓自己的才能帶領你擺脫困境。另外，培養自己的能力是你可以在自己的時間、用自己的方式、在自己家裡、在自己的電腦上做的事——不須任何人幫忙，便能讓你穩居一個學有專精的實力地位。

有很多方式可以運用專業知識，將人們引向你想要的方向，例如：根據你的知識提出問題來挑戰臆測；引入足以影響決策的訊息；提供創新或戰略視角，讓所有人都希望你能為他們提供意見。當你成為一個有辦法的人，你會發現自己更能處在人們想要追隨你的良性循環中。

瑪尼莎（Manisha）接受了一家私募股權科技公司執行長職位的面試，整個過程充滿了挫折阻撓，身為一個四十多歲的印度裔美國人和黑人女性，她並不符合普遍存在的、科技公司執行長的歧視性形象。更重要的是，他們已在為另一名應徵者準備錄取通知；而且，其中一位替她寫推薦函的人也準備出賣她，因此她可說是身負了好幾個電源退出鍵[23]。但她並沒有對這些干擾作出反應，而是利用自己的經驗以及對該公司所面臨問題的洞察，製造了令人折服的理由來引導該公司扭轉態度。

該公司的前一年收益大幅下滑，招聘團隊認為一位擁有長久業務行銷經驗的執行長是最合適的人選，但瑪尼莎對公司的需求卻有不同看法。她在該領域工作了多年，推出產品並與顧客交談，她認為問題出在該公司選錯了目標市場。她相信自己，在面試過程中將自己置於險境，大膽提議公司應該轉向新市場。

她引領招聘委員會踏上了探索之旅，向他們展現她是他們需要的、擁有廣泛專長的領導者——有能力推動新產品的推出、尋求戰略夥伴關係並改善公司文化。由於她的專業度，她改變了他們的聘用標準——她被任命為執行長。在那之後，她創造了一種歸屬感文化，並帶領公司取得更好的財務狀況。

如果沒人看到或聽到你，讓你充滿無力感，你可以利用你的專業性來創造一種，對於你已準備好接受新角色、甚至為自己創造新角色的感知。你或許會認為，

23. 編註：power eject buttons，隨時會被強迫關機，亦即否決、逼退之意。

如果你正處於職業生涯的早中期，單憑你目前擁有的能力是掌控不了那麼多的。若你真的如此認為，我保證你會跌破眼鏡。

潔西卡（Jessica）曾在一家生技公司工作，擁有醫療設備方面的經驗，但這項專長在她目前的職位完全派不上用場，她陷入停滯和沮喪狀態。在我們制定她可以帶來什麼附加價值的戰略時，她產生一個很有創意的想法，就是在公司內**成立**一個醫療設備單位來實現她的創新。我們擬定了在提案中納入業務個案，而她這個關於新醫療設備單位的構想被接受了。我喜歡這個故事，因為我們通常會斷定：一旦你運用了自己的專業創造力，有無限機會等著你時，你所扮演的角色便是最適合你的工作。「如果目前公司不需要我的才能，我會開創新事業來發揮自己的才能！」這正是「主控力十足」的心態！

為了以這個方式來掌握你的專業能力，你必須清楚自己的優勢，以及你有意投入的領域。現在就來看看你的專業性如何幫助你重獲、保持，並運用主控力，首先盤點一下你的各種專業度。試問自己：

什麼是你真正拿手，或者比多數人做得更好的？
你能確實為他人取得何種他們需要的成果？

你能提出哪些獨特觀點？它如何奠基於（或不同於）普遍觀點？
你如何利用你的獨特見解和經驗，來證明你可以作出有價值的貢獻？
哪些人才有助於你的進一步發展？

考慮要利用的人才時，請考慮人際溝通能力，以及多一點戰略規劃、產品開發之類的程序性技能。透過培養管理情緒反應的能力，讓自己聽得見別人想說的話而不光是作出反應（即使他們在批評我），讓我在工作和個人生活中都更能掌控一切。這項技能促使我的一位前任用這句令人懷念的話，來形容我是如何善於化解我們之間的緊張，「感謝老天，房裡總是有三個人：我、雪倫和梅爾尼克博士，而梅爾尼克博士總是知道如何引導我們互相理解，取得好的結果！」培養這項技能也讓我能夠建立心理安全感，來提出尷尬的話題。如今，我不再迴避個人或職業生活中的任何艱困對話，因此問題總能迅速解決，而不會讓我陷入困境。

最後，你的專業可以保護你，免受別人可能有意或無意剝奪你的主控力、削弱你的一長串手段的影響。我的一位「靈魂姊妹」（soul sister）泰瑞．科克蘭（Teri Cochrane）是綜合健康領域的顛覆者，她開發並驗證了許多針對常見疑難雜症的新療法。她和客戶諮商，制定在科學上符合他們需求的「生物個體」治療方案。她的成績十分亮眼，以致許多頂尖運動選手、醫生、政府主管和健康大師紛紛找她諮詢。

她面臨了許多企業主和後起之秀都會遇見的、一系列可能帶來破壞的難關：人們在建立合作夥伴關係時無法兌現承諾，或試圖藉機利用別人的服務和關係；社群媒體怪論充斥；團隊成員欠缺使命感，離職員工則是「借用」智慧財產而沒有給予應有的認可。

作為來自古巴的移民，泰瑞養成了面對障礙時解決問題、並堅持到底的韌性和毅力。她照樣保持自己的專業，只顧繼續「做該做的事」；她每天真誠地對待客戶，和其他醫療保健業者分享見解，並透過 Podcast 和著作傳播她的研究成果；她擁有「本領」（goods），因此始終能保有自己的主控力。她沒理會那些試圖讓她脫離主控力的人的雜音，在她的領域產生了廣泛且不斷增長的影響。

對自己的專業保持自信與客觀

進行這項評估過程時，要記住對自己進行客觀評估有多麼困難，我們的自然傾向是透過主觀篩選方式來理解各種情況，包括成長過程中從他人那裡吸收的訊息。老師可能會對我們說，我們的作文寫得不好，這會留下長久的陰影；我們還傾向於把自己和別人拿來比較，藉以評估自己的才能，但往往會覺得自己不符標準。

你或許會很高興有機會施展能力，但隨後便遇上內在的天花板，因此弄清楚自己的專業和不專業度——而且面對現實——是有幫助的。當你不具備強大的專業度，可能會導致你質疑自己的能力，因而使你失去主控力。

進入新角色或推出新方案時，你自然會擔心自己是否了解成功需要什麼條件。然而，我們常強迫自己做到完美，期待自己在投入角色之前就知悉一切！我們一心想著自己可能會失敗，以致失去了客觀性。

妮娜（Nina）是一家顧問公司的高級主管，她希望自己更具戰略性，並成為改革推手，但她缺乏明顯的專業度，導致她不斷地自責。就這方面來說，她的擔憂是有幾分客觀真實性的，之前她沒接受過著重戰略領導力的職位或教育，如今這份懊悔耗損了她的力量。

這時保有清晰度可以讓你擺脫思維紛亂，如果你不清楚自己需要什麼樣的專業度，就永遠達不到要求。對你來說「我不夠聰明」究竟意味著什麼？定義它。對妮娜來說，這明確意味著：我不知道如何制定戰略計畫，如何獲得董事會對戰略願景的支持，或者如何針對董事會成員的問題給出令人滿意的答案。

一旦你清楚了解「足夠」對你意味著什麼，你就可以進一步利用自己的能力去解決問題。下一步是要求自己決定如何做到這點，你有以下選擇：**接受**你目前擁有的能力，或**完成**新的學習來增強它。選擇接受，代表你可以接受自己目前的能力水平，不會為此自責。這種方式承認你目前擁有的優勢和專業度，足以讓你履行你的角色職務，它包括尋找應對方案或在必要時引入附加的專業知識。選擇「完成」，則代表你認為你確實需要加強某些專業度，以便產生你想要的影響，這代表要制定一個透過輔導、訓練、顧問、認證……等等程序，來提高技能的計畫。

妮娜選擇了雙頭並進，她承認自己的優勢在領導公司文化而非引領戰略，於是塑造自己的角色來反映這點。當她代表公司參加市政廳會議，她和另一位擅長戰略的主管合作，因此她不需要了解一切；與此同時，她的技能也不斷提高，足以在他們的戰略措施中發揮重大影響。她參加了戰略課程，採用做過這類工作的同事的範本，並尋求了一些諮詢來規劃即將到來的公司進修活動，一旦做到這點，她就能帶領團隊完成一次非常成功的戰略進修。她沒有為此責備自己，而是把自己現有的能力最大化，然後培養她需要的專業。如今，她能夠作出自己想要的貢獻，而且對公司的發展方向擁有更多功勞和發言權，而且她始終沒有失去主控力。

輪到你了。你的讓你退縮不前的明顯弱點是什麼？來做做練習吧。這種明顯弱點有哪些構成要素？

現在，針對每個構成要素作出決定：

我選擇接受：

我選擇完成：

最後，為個人創業者或企業主提供一個範例，首先，對你必須培養的專業度要有細緻的了解。就我而言，我很慶幸在職業生涯早期能擁有專業，讓客戶從輔導中獲得他們想要的結果，然而常有的狀況是，我努力編排課程，接著上網公布，然後……毫無反應，這真是令人氣餒。感覺我的潛在客戶似乎掌握所有權力，可以決定要不要接聽我的電話，或報名參加我的課程。

為了克服困惑，我了解到我需要培養的專業不在於我的輔導技能，而是和我可以幫助的人建立聯繫的行銷能力，我需要做的是深入描述他們的痛點，以及和我合作之後可以獲得的成果。經過調整，我的幫助對象更容易從我描述的情況中看到自己，而且知道何時該與我聯繫。

多年後，我了解到我**真正需要**的能力是「保有主控力」的能力，因為能否在掌控範圍內施展專業具有巨大差異。今天，我發現重要的不是行銷策略本身，而是我在各種情況下所展現出來的能量——當我表現出主控力，它會創造魔力，那是我無法表現主控力時所沒有的感受。把這當作一種警告，別過度依賴你的專業——將它和本書中的其他方法加以結合，因為在握有主控力的前提下，你的專業度會產生一種讓其他人願意和你一起努力打拚的能量！

如果你擁有專業，請重視它，讓它成為你保有主控力、帶領人們取得更好成果的首選途徑；如果你不具備所需的專業，請不要為此繼續虛耗自己的力量，好好培養吧！

本書關於運用策略來**保有主控力**的部分就在此告一段落。請參考下方的圖表，來了解你在脫離主控力時需要哪些工具。這些是你的應急首選策略，其中每一個都是你在各個入口中所見內容的高階提示，同時可以示意你是否需要回頭瀏覽該入口的各種工具。

此外我還舉了兩個總結了所有「主控力」入口的案例研究，來讓你了解如何利用不同入口中的策略。接著，我將在下一篇詳述如何運用主控力，來獲得符合你的人生目標，以及所有人利益的成果。

主控力實務：專業

1. 你有一種特調醬，可以奇妙地讓你獲得成果——這種超能力就是你的專業度，盤點一下你的各項專業技能。
2. 在尋求他人的支持／擁護以實現你想要的結果之前，你可以獨力做些什麼？
3. 專注於自己的專業來壓制破壞者。
4. 別認定自己「能力不足」，決定是否要接受自己現有的技能，或者需要完成新技能的培養，以產生你想要的影響。
5. 如果沒能從別人那裡得到你想要的結果，請審慎思考你是否發展了**正確**的能力。將你的專業度和展現主控力的技能加以結合，它將創造出足以提升他人的強大能量。

主控力應急工具包

- **精準**：牢記你希望在你的地平點上成為什麼人。
- **視角**：要問情況會不會是爲你而發生，而不是發生**到**你身上。檢視自己是否擁有豐富的心態，看到無限多可以讓你蓬勃發展的潛在解決方案。
- **生理**：釋放你的情緒，透過深呼吸重新連結上你的思考中樞，找回快樂和喜悅。
- **目標**：重新連結上你的目標，思考你在當下情況中的大賽局是什麼？你可以如何行動來達成它？
- **心理**：你是否陷入了頭條故事？提出替代故事，以展現你的地平點角色。
- **專業**：在你必須求助他人來改善自己的專業度之前，你可以憑著自己現有的能力做些什麼？

案例研究＃1：面對惡霸上司展現主控力

克莉絲汀（Christine）是一家快速發展的百貨公司的副通訊長，總是有大量的溝通需求。她被視為通訊長的繼任者，她有機會接受輔導，以塑造她的高管風度，並培養她擔任她正和幾位內部候選人競逐的通訊長職位。同時，她還必須應付一個惡霸上司。

克莉絲汀一開始走的是迂迴路徑，擔心上司會怎麼看她，不斷監控同事之間的交流，來決定她在高階領導者會議上該說多少話。這種猶豫態度有違代表公司的高管形象，而且也被列為晉升這個最高職位的考慮條件。現在，她開始邁向擔任通訊長一職這個最終目標——Go Direct！她告訴我，有生以來她第一次不擔心下一個職位的其他候選人，而只是在她的地平點上扮演一個自信的領導者。

儘管她的文書和人際溝通能力受到讚許，但大量的合併活動需要大量她缺乏經驗的技術溝通。每當她不得不寫一份這樣的備忘錄，甚至只是考慮這麼做，都會感覺力不從心——懷疑自己擔任通訊長的能力。她將「我不夠格」解構為「我在這些技術術語方面還不夠純熟」。

於是她選擇了「完成」——參加了這方面的溝通課程，並接受前上司的輔導，如今已不再輕易脫離主控力。

上司的輕蔑評語讓她充滿無力感，為了保持神智正常，她開始每天進行一次，使盡吃奶力氣的放聲尖叫來發洩憤怒（這樣她體內就不會承載她上司的不安全感對她造成的影響）。

會議結束時，她的上司通常會說：「待會我得和妳談談。」一直到有機會和上司交談之前，克莉絲汀會陷入焦慮不安、茫然和慌亂。她的頭條故事是「我犯了錯，這下麻煩大了，我**能力不足**。」後來她漸漸習慣於提出替代故事，例如「她只是心情不好，而且原因與我無關」，「她離開辦公室後有很多訊息要交換，很多通訊已經更新」，或者「她想討論一些可能對我有利的事，因為我就要升遷了」。

如今，她已超越這些故事，直接進入她心目中的地平點角色，並更新為區區幾個字就能敘述的結果：「我是通訊長！」

案例研究＃2：在結束關係時施展主控力

這個案例研究是關於……我。在我提交本書手稿的幾天後，我和我的伴侶進行了幾次坦誠對話，並決定分道揚鑣。

背景：我們擁有神奇的聯繫。無條件的關愛、充分溝通和無可抗拒的樂趣——我們多麼希望「永遠」這麼下去。然而，我們各自處在人生的不同階段，想要的東西也不同。她賣掉自己的公司，想找個全職伴侶一起環遊世界。她會說：「和我一起遨遊四海吧！」到外國的小漁村閒晃。（我知道，很誘人對吧？）我很喜歡一起乘著船旅行，但我比較是那種「我想為世界作出貢獻」的人。我仍然非常樂在演說／指導／人際連結。

她分享她的心底話，也就是，她覺得我們無法找到足夠的共同目標來好好過日子。我難過極了，而我也憑著主控力熬了過來。

起初，失落之餘，我任由悲傷的浪潮沖刷著我，儘管我唯一能做的只是隨之浮沉。然後我就把它釋放了，雖然我不願接受這是事實，我相信這次分手是一種「際遇」而不是「遭遇」。我直覺地知道，繼續在一起將迫使我們不得不放棄真正滿足我們心靈的東西，而分手可以為我們彼此帶來解放，讓我們更深刻地活出自己想要的人生。

這次經歷觸發了我的一個關於無力感的頭條故事。我沒有作出反應（重新點燃這個火種），而是讓「梅爾尼克博士」在我耳邊低語，用我選擇的人生故事回應：

我是強大的女創造者[24]！我可以在任何情況下，發揮自己的力量來創造我想要的體驗，這個「部分」的我再也無法全面支配我，因此我不怕獨自前進。我開始提出一個替代故事，我們進入彼此的生命是為了體驗無條件的愛，讓我們都能得到成長和療癒（這方面我們做得很出色）；我從自己和數以千計的客戶的經驗中發現，當你把自己從舊故事情節中解放出來，你便已準備好向上提升，獲得更多你在人生中追求的東西；我更能勇敢無畏地行走於世上，而不會自我隔絕於那些可能令我傷心欲絕的經歷。

我並沒有因為「她竟然這樣對我」而感到無奈，而是用 3D 視角來看待我們的關係。我理解並尊重她的需求，儘管這令人難過至極，但我有一種自主感，覺得自己正朝向一個「有目標」、充滿生氣的方向前進。我沒有考慮「落單」這種狹隘的問題，而是專注於我的人生將以何種令人興奮的方式展開，以及這當中存在的無限可能。

在我們持續互動，以及隨後考慮重新在一起的可能性的過程中，我有意識地扮

24. 編註：creatress，意指女創造者、女創辦人、女創作家。

演我的地平點角色，這支持了我們繼續給予彼此愛和善意。

簡言之，儘管我有時無能為力，有時強大無比，但我擁有完整的主控力體驗——我的感受、我的選擇、我曾經是誰、我現在是誰，以及我想成為誰。

擁有主控力並不代表艱難的事不會發生，而是在經歷種種挑戰時，**你**可以決定自己要成為什麼人，以及它們會如何為你展開——這正是我一直在做的事，而你也可以這麼做。我不要求自己十全十美，只求主控力十足！

第三篇

運用關係力造福所有人

IN YOUR
POWER

CHAPTER

09

說服：從沒人理到眾人誇

「你不會從容應戰，你只會下降到你平時的受訓水平。」

——美國海豹部隊（Navy Seal）名言

掌握力量之後，想必你已蓄勢待發，準備好向當權者大膽提出你想要的東西，並告訴他們該如何改進現況。是的！但在此之前，讓我們仔細想想你的方法，讓你作好成功的準備。

陷入無力感最常見的一個觸發因素是，我們因為無法讓其他人按照我們的想法或要求行動而產生挫折。你有多少次和上司、同事或家人發生過類似以下的經歷？

你已向上司提出建議，讓你們的服裝公司和逆向物流服務合作，這會有助於顧客之間相互買賣二手商品。它將顯著增加收益，顧客喜歡這個選項，而且這可以支持你們公司的永續發展目標。你甚至準備了引人注目的數據圖表，當你熱情地向上司提出這想法，他卻表現得興趣缺缺。

在你看來，這是個絕佳構想，但他的回應毫無道理，他怎麼可能看不出它的妙處？感覺就好像決策者故意貶低你的想法或試圖擾亂你。你耿耿於懷，然後陷入無力感的無底洞，你不禁想說：「何必費心。」

根據我的經驗，很多時候被你當作強大阻撓的情況是，你沒有在你的50％可控範圍內發揮足夠**作用**，以便**影響**對方。思考一下你的**方法**當中，可能有某個因素讓你無法發揮主控力，而不是他人遏阻了你（實際上這是好事，因為這麼一來你就可以採取行動來改變它了）。

你的所有溝通，無論是口頭、書面報告、email或幻燈片放映等形式，都從你可控的範圍跨越50％界限，來到了你管不到的範圍，然後它會被那些和你交流的人的心智加以過濾。他們看到或聽到你的方式，取決於他們的優先事項、動機、信仰、情緒和之前的經歷。

你有能力讓自己的意見被聽到，讓人們支持你的想法並追隨你的領導，但你的方法必須是有意識和戰略性的。提醒自己從全方位的理解開始，別只關注你的立場有多正當，而要關注如何讓其他人了解那對他們的正當性，你的力量將源自「你釋放他人能量」來為你的願景或要求效勞的能力。

在說服入口中，你將了解我用來幫助客戶從原本被否決的情況，轉為得到正面回應的一系列方法。我將介紹我所看到的各種陷阱，接著是克服這些陷阱的說服策略。

說服陷阱＃1：只提要求而不尋求合作

和客戶討論一些令人沮喪的情況時，我常聽到「我說話了，但他們不聽」、「我給他們發了 email，但沒有回音」或者「我向上面爭取我的團隊需要的資源，但他們說我們只能將就著幹」。

我們往往只顧著從自己看待情況的角度來提出要求，而不是根據對方如何看待情況以及他們的需求，如果你針對自己提出請求或拋出構想的訴求方式進行「行動後」回顧，可能會發現，你一開始就是在自己腦裡論證事情的。你告訴自己為何他們錯了，為何你提出的建議會更好；在散步、喝晨間咖啡或通勤上班途中，你不斷在腦子裡重複你的論點；你或許還會跟伴侶或朋友分享此事，藉此尋求認可。然後，當你必須和對方交談或按下 email 的「傳送鍵」，你可能是以自己腦裡形成的同樣方式來提出要求的，情況可說再清楚不過了，這一切都是——在**你**看來。

你可能沒考慮到的是，「這對他們有什麼好處」（我稱之為他們的WIIFT，what's in it for them）。你必須擺脫自己的思維，**從對方的角度看出這個「大哉問」**。藉由在你的提議中找出他們的WIIFT，你可以用一種讓他們明白你在幫助他們進一步實現他們目標的方式，重新建構你的請求。你將自己的目標和他們的目標密切結合，務必從「他們幹嘛要在乎？」的觀點開始施展你的影響力。

相信你會準備提案說明書來支持你的構想，因此你可能會問：「既然你的提議理由已十分清楚，為什麼還要訴諸他們的WIIFT？」對多數人來說，生活就像一條急流，當中充滿了必須被滿足的大小需求，光是保持漂浮、持續往前就夠我們忙的了。任何需要付出時間或關注的要求，如果無助於往前衝，都會被視為違背我們所關切的潮流的逆流，這種做法就是弱槓桿（weak leverage）；如果你向他人證明，你的要求實際上能幫助他們提高自己的動力，你就可以利用他們之前為了實現這些成果而投入的能量，這就像進入一條流動中的河流，而這種做法就是強槓桿（strong leverage）。

例如在第一章中，我舉了一個來自《財星》百大企業的客戶的例子，她持續六年向她的銷售經理尋求資源和重要任務，但只得到「否」的答覆。她形容他只顧著討好上司，根本不關心她，對她來說這無異於死胡同，但根據我的經驗，只要有強烈的動機，就可以發揮作用。

我們構思了她的請求內容，讓他在上級面前表現出色，讓他被視為一個懂得培養手下（並支持他們的多元共融措施，尤其因為她是團隊中唯一的女性）的領導者，以及為了讓整個企業吸引大客戶而提供資源給許多創新做法的人。她終於得到「可」的答覆！得到支持後，她在四個月內爭取到職業生涯最好的一筆交易，而且晉升為自己銷售團隊的主管。

這方法也適合領導者用來激勵團隊成員，找出真正讓他們振奮的因素：是升遷，是成功／金錢（例如他們想買新房子），還是有效地完成工作，以便騰出更多時間陪伴家人？對許多人來說，可能是一種使命感或自豪感。我的客戶湯姆（Tom）有一位行政助理，她以細節的掌控自豪，尤其是按照她的方式做事——不同於他的做法。他感覺自己受她控制，不知該如何開口說：「就照這樣辦吧。」如果訴諸於她的動力，她會比較容易接受：「真的很感謝妳對客戶服務的貢獻，公司的聲譽有很大一部分是妳的功勞。我從客戶那裡聽到的是，當我們採行＿＿＿＿＿＿（他的方式），他們感覺很受到支持。妳能不能安排試試這種做法，看反應如何，到時我們再討論？」

兼顧對方的事業和個人利益

當你為任何你想獲得支持的人考慮WIIFT，必須確認他們的事業利益和個人利益。你可以參考WIIFT輪盤來進行思考。

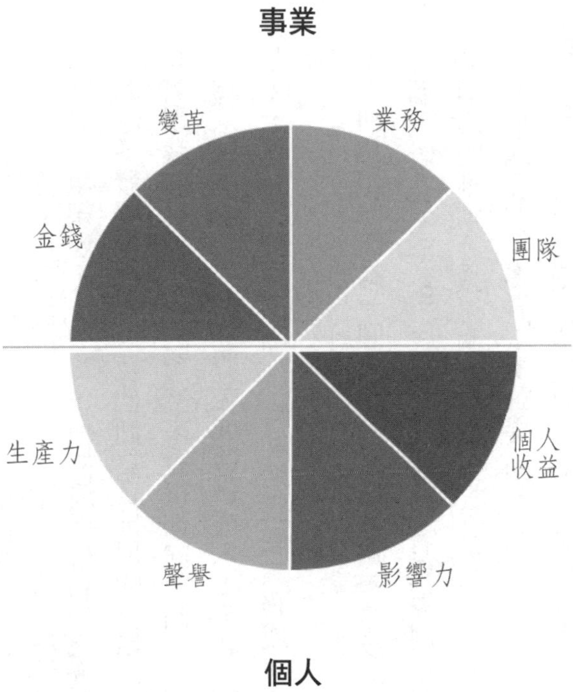

要找出他們的事業WIIFT：他們受雇傳送的事業利益、他們關注的指標、他們被賦予的職業發展目標，以及他們負責推展的公司計畫是什麼？他們會從「這能否幫助我實現我的目標？」的角度來看待你向他們提出的任何要求。這包括以下幾類：1.金錢（money）：增加收益或節省成本；2.變革（change）：支持他們所主張的改革；3.業務（business）：有助於整體業務或其業務目標或增進創新的做法；4.團隊（team）：能提升或加強團隊的做法。

人的個人利益和他作為一個人的積極性有關，這反映在他的性格中。這包括以下幾類：1.個人收益（personal gain）：決策者透過展示勝利、擁有更多控制權、負責一個好構想的推動等獲得個人利益；2.影響力（impact）：拓展他的使命，使他們被視為栽培人才的領導者；3.聲譽（reputation）：使他們有好的形象；4.生產力（productivity）：幫助他們提高個人成效、減少負擔或只做他們想做的工作。

最理想的是能夠在你提出請求時兼顧對方的事業和個人利益。

例如，伊瑪妮（Imani）是一個處於職業中期的人才，在一家生技公司的調查部門工作，她工作表現出色，但事業卻陷入困境。如同許多夠條件的女性，尤其是像她這樣的黑人女性，她想要更多機會，卻在目前的職責中遭到忽視和限制。問題的另一個層面是，她的上司對她進行了微管理，她感到挫折，同樣沒人看見或支持。

況且，要如何向上司通報她對妳微管理的事實而不冒犯她？之前伊瑪妮曾要求上司派給她更有挑戰性、更令人振奮的任務，但她的上司不屑一顧，說她應該專注於手上的工作。

我們深入分析了她上司的WIIFT，她的上司工作量很大，可能有點忙不過來，應該會很樂意有人來分擔一些雜務。她致力於讓團隊在向高階主管的報告中有亮眼表現，她很自豪自己被視為人才開發能手，我們考慮了這種種，然後構思了伊瑪妮的陳情內容。

我知道妳責任重大，希望有機會減輕妳的負擔。我是否能做些什麼來贏得妳的信任，讓我在向高管團隊報告中發揮更多作用，也讓妳可以花較少時間來管理我？

後來伊瑪妮告訴我，「那次談話讓我非常緊張，但我們的說法真的很有幫助，而且非常有成效！」

怎麼回事？她的上司想了一下，立即提出她可以在哪些方面減少對伊瑪妮的管理。上司給了她和各國同事一起進行高關注度方案的機會，然後將成果呈報給整個高管團隊；她還給了她更多拓展技能的機會，並參與其他部門的方案。不久後，當伊瑪妮的觀點和團隊處理問題的想法相牴觸，上司出面挺她，因而免除了一次冗長的調查。不久，她升遷了。

伊瑪妮的陳情既符合上司在團隊聲譽方面的事業利益，也符合她的減輕工作負擔以及被視為人才開發者的個人利益，這次精心策劃的對話有如彈弓推動了伊瑪妮的職業生涯。（也鞏固了她們之間的開放式溝通關係，這點很重要，因為經過兩年的良好關係，她的老闆出現許多微歧視的言語，但伊瑪妮憑著深厚的交情基礎藉機教育她，你將在後面入口看到更多得體回應技巧。）

像這樣「反常」地從對方的角度看待某個情況是不自然的，你必須訓練自己，除非確定了對方的WIIFT，否則別向決策者提出要求。如果做不到這點，你的50%可控範圍就不是無懈可擊的。

回想某一個你尚未獲得支持的方案或構想，思考決策者（們）是誰？他們的WIIFT是什麼？然後重新構思一個能滿足他們的WIIFT的請求，一個很好的起步是：參考WIIFT輪盤。

說服陷阱#2：只採取單一對話（而不進行利害關係人遊說）

我在客戶的說服行動中看到的另一個常見錯誤是，將所有雞蛋放在同一個籃子裡。他們準備和決策者進行一**次談話**，而且將它視為成敗關鍵，如果這人是障礙，就束手無策了。因此，應該展開一場利害關係人遊說（stakeholder campaign）。

不妨把爭取認可的手法，看成一種隨著時間而招來更多有力人士的勸說活動。你要製作一張利害關係人的圖表，列出所有在你想要的結果中擁有潛在利益的決策者，其中有些人會立即浮現你腦海，接著你要擴大圖表，把一些利益較不明顯的人也納入。你的決策者都聽誰的意見？還有誰是你所主張結果的既得利益者，即使他們並非直接決策者？把這些人列為利害關係人。

接著寫下給每個人的客製化訊息，使其符合他們的動機。

以阿瑪（Ama）為例，她是我在「新高度領導者」（Next Level Leader）職業中期專業發展課程中的指導對象，她是一家製藥公司的博士研究員，對於如何改進基礎化學研究的方式有自己的想法。兩年來，她一直向她的男上司建議這種方法，但沒引起注意，正準備離職。

我們精心策劃了一場利害關係人遊說，誰會從這項研究創新中受益，而且可以組成聯盟來支持它？她和臨床開發小組的負責人商談，向他說明這種新的研究方法可以加快新藥的上市時間。她和其他研究員討論創新方法如何幫助他們完成工作，甚至找了銷售團隊主管，此人極度關注公司是否能一路領先競爭對手。

這些交流讓她更懂得如何向上司表達，她的構想對他的創新領導者形象是有幫助的。他要求她向管理團隊提出這構想，這導致她獲准主導一個示範方案，結果非常成功，因此她隨後被任命負責領導整個公司的轉型。

你也可以在要求升遷時使用這個方法——哪些人是關心該結果的利害關係人？

現在輪到你了：整理出一個利害關係人遊說的視覺圖（可以很迅速潦草——在紙上畫表格）。你的圖表上有誰？你可以為每個人找出什麼樣的客製化WIIFT？你會以什麼順序和他們接觸？

說服陷阱#3：沒有明確提供框架

爭取改革支持的一大障礙是，你對於什麼會因改革發生而變得更好沒有夠明確的願景。你要開發一個簡潔的框架，幫助人們將新、舊方式進行對比，來促使他們接受新方式。

一個很好的方法是進行「前後對照」練習，要求自己運用對問題的觀察，描述目前情況在之前的狀況。然後將之前的痛苦情況和之後的情況進行對比，生動描述事情的理想狀態，這種描述同樣必須吸引你尋求支持的人的事業和個人利益。

這項練習幫助我的客戶卡琳娜（Karina），獲得了在她所屬全球非營利組織中推動文化改革的支持，該組織的使命是協助戰區人們獲得庇護。不幸的是，許多員工面臨了職業倦怠和心理健康問題，卡琳娜擔任中階職位，明知改造組織文化有其必要，她卻使不上力。

我們首先讓她描述「之前（的問題）」。她告訴我，組織的領導者並沒有同理員工在工作中受到的身體和情緒折磨。「我們幾乎沒有示弱的空間，」她說，「也不能說，『今天好難熬，我有點難以承受，我和我的家人很掙扎，我需要休息。』我們的成功標準就只是衡量現金支出和接受服務的人數，而不考慮員工或他們所服務的難民的福祉。」

讓你對「之前」的觀察成為一面鏡子，生動地反映他們的體驗，以便他們在你的描述中看到自己。你在描述「之前」時越能表現出同理心，就越容易說動他人參與，也越會被默認為能夠解決問題的人。

接著我請卡琳娜描述她想推動的「之後（的願景）」。通常，你可以從一些還不十分具體的答案開始，只要多說幾次，就會知道如何表達（同事或教練能幫助你整理想法）。「我們的工作會更順利，」她告訴我，「我們不再只是呈報數據，還會有一種關懷文化，讓我們可以彙報由於必須不斷告訴難民『我們沒辦法』而產生的無助感；我們可以開創一種更正向的工作環境，而不光是抱怨我們有多沮喪；我們可以從改變員工的合約開始。」

理論上，這裡頭需要消化的內容非常多，我敦促她簡單明瞭地說明最低限度的改革有哪些，看是否可以很自然地將它們分類。「我們需要不一樣的領導力，」她回答，「我們的心態是，我們是來拯救我們所服務的人們的『英雄』，然而我們連自己員工的需求都不理不睬。領導者的責任，」她又說，「就是將員工視為最大資產，他們必須了解員工的工作動機，感激他們整晚忍受槍聲。我們需要抱有人道主義心態的領導風格。」

這就對了！一句對於「之後」的簡潔有力的聲明。

一旦清楚闡明了「之前」的問題和「之後」的願景，你就可以像之前描述地平點角色那樣，盡可能總結出一句簡潔的說法。這句簡單好記的短語可以讓人對你的訊息產生共鳴，幫助其他人迅速掌握你所提倡的改革的本質，讓關於使命的訊息傳播開來。卡琳娜的句子是，我們需要「**從英雄到人道主義者**」的心態轉變。

當她開始拿這些說法和同事討論改變的必要性，她發現他們很快就理解了她想說什麼。她開始和員工舉行會談，討論她憧憬的文化變革，要求他們反思自己想要什麼樣的組織文化，英雄還是人道主義者？這些對話引發了組織內部的變革運動，人力資源部允許她開始提供關於同理心領導的培訓，領導者也開始檢討員工要求的工作時間以及員工合約條款。

問題和解決方案的精簡說法易記又吸引人，這讓她避開了讓改革願景被多數領導階層不樂見的訴苦陳情埋沒的困境。

你可以開發什麼樣的框架來召集眾人展開對話？

說服陷阱#4：只顧往日功績（而不追求未來成就）

無論是在工作上更上層樓、為你的初創公司募資，或者當選新的公職，當你要說服別人相信你有資格晉級時，本陷阱尤其重要。一種已知的性別和多重偏見是「再證明」偏見，其中男性多半是根據他們未來的潛力進行評估，女性則根據當前和過去的成就進行評估。如果欠缺相關經驗的人正在申請更高階的職位，決策者會以申請人的性別為主要考慮：如果是男性，他們往往會說「他會有辦法的」，但如果是女性，他們很可能會想「先把她調到其他職位，磨練個兩年再說」。

同樣地，尋求資金的女性創業者會較常被問到如何保護自己的不利因素，而不是如何發展其有利因素，使得她們的宣傳對投資者比較不具吸引力。

我們常藉由回顧過去的成就來證明自己適合某份工作，這會讓人們更加關注處在現有框框中的你。因此，要讓決策者看見你適合位居更高階的位子，那麼除了說明你當前和過去的成就，還要**描述你未來的貢獻**。

在決策者腦中創造一段心理影片，讓他們看到你正在實現未來的願景，但該怎麼做呢？描述你將採取的行動以及將會獲得的成果，就像你是正在設置場景的導演。「首先我要做的是＿＿＿＿＿＿＿；接下來我要做的事情是＿＿＿＿＿＿＿。」然後生動描繪出你將達成的結果。例如，「客戶將會紛紛上傳產品圖片。」

一位我曾經指導用這方式進行求職面試的客戶告訴我，應徵結束時，面試官說：「我能想像妳做這工作。」（眨眼，好想知道為什麼。）果然，她被錄取了！

你想創造一部什麼樣的腦中影片？

說服陷阱＃5：提出的構想不易落實

為了支持你的構想，決策者可能得扭轉先前的路線，或化解某個不利的情勢。如果不解決這種阻力，就算你有絕佳的構想，他們也無力幫助你去實現。因此，要讓他們易於採用你的好構想，通常得為他們保留面子，也就是說，讓他們無須承認自己錯了。我的客戶拉娜（Rana）就是這樣說服她任職的初創公司的創辦人辭去執行長一職，讓她擔任這職位的。

正如許多初創企業常見的，一開始加入的多數員工都是創辦人的朋友，但她是後來受聘的。她可以看出，團隊中有些人表現出色，但有些人卻是累贅，創辦人真的該放棄執行長職務，任命一個有經驗的人來帶領公司進入下一階段的發展了。拉娜非常適合這職位，之前她已經帶頭制定公司戰略、主持會議，甚至出售他們最初的幾個客戶。她曾向創辦人要求擔任執行長一職，他說一定會的，他還表示會把一些表現不佳的人剔除。但幾個月過去，毫無動靜，她受夠了。

就他的ＷＩＩＦＴ而言，他最在乎的一點是，他希望和老友們保持良好關係，不必針對他們為何必須離職進行激烈的對話。另一件事是為公司爭取最高估值[25]，並確保下一輪融資[26]以保持公司的成長。

為了替創辦人省事，拉娜構思了一種方法來幫助他作出改變，而不必承認他錯了。她使用「多階段」概念來建構討論內容，她祝賀他成為公司第一階段的成功創辦人，藉由提出構想、取得資金，並引入合適人才來推動公司的發展。她提出目前公司正進入第二階段，需要不同技能和人才的想法，公司下一階段的進展需要領導力以及執行既定的戰略願景，這尤其是公司未來估值將被鞏固或抹除的時刻。她生動描繪了公司有了她的領導和更強大的團隊，所能實現的成長和估值，然後他就毫無罣礙地答應了。如今她是執行長，帶領著他們在初創業界邁向成功。

25. 編註：在股票投資領域，「估值」就是評估一支股票的內在價值。
26. 編註：企業融資指的是一家公司透過各種管道籌措、貸放資金，以擴大生產、降低變動成本或進行周轉。

◆
◆
◆

你有能力釋放無限能量來支持你和你的構想，關鍵是洞察決策者心思的Ｘ光透視眼力，為了避免不被傾聽而產生的巨大挫敗感，只要在方法中保持意向性和策略性。現在你已了解如何找出他人的ＷＩＩＦＴ，你也可以利用它來解決讓你束手無策的棘手情況，你將在下一個入口學習該怎麼做。

主控力實務：說服

1. 務必要根據「這對他們有何好處」，亦即他們的WIIFT，來提出你的構想或要求；利用WIIFT輪盤來幫助你找出決策者的事業和個人WIIFT。
2. 把說服行動當作一場利害關係人的遊說，而非單一對話。首先，從製作一個包含各人WIIFT的利害關係人圖表開始。
3. 提供一個描繪「之前」與「之後」情況的框架，來讓你的構想令人信服而難忘。
4. 在決策者腦中創造一段心理影片，讓他們「看到」你扮演未來的角色。
5. 讓決策者更易於實現你的想法或要求。

CHAPTER

10

合作夥伴關係：從我的問題到我們的解決方案

「一個人走得快，一群人走得遠。」

——非洲諺語

凱莎（Keisha）是一個忍無可忍的財務主管，因為她的上司一有急事就打電話找她，從早上七點到晚上十一點之間隨時狂 call。他會懇求她說，她是唯一能解決問題的人，拍她馬屁，這樣下次她又會幫他。當我問她：「他老在最後一刻找上妳，這是誰的問題？」她回答：「他的問題。」我要她再仔細想想，她停了一下，頓時恍然大悟，「是**我的問題**！」

正在經歷他的行為所帶來的惱人影響的是她，而不是他，人有多少動機去解決自己體會不到的問題？

由於我們太想解決問題，不知不覺就把它攬在身上了，我們仍然會採取別人會有的50％不可控行為，並試圖加以控制。這就是為什麼我們花費大量精力苦苦思索，卻無法達成解決方案，我們走出這死胡同吧！

你的問題**在於**，你將問題概念化，變成「他們錯了，他們應該改變行為」，這種態度給了對方極大力量去改善情況，同時繼續貶低你。該是把力量收回的時候了，要把自己視為管理者，帶領每個人參與解決方案，讓每個人都擁有主控力。

在夥伴關係入口中，你將學會公開提出問題，和製造問題的人進行對話，以便建立理解並獲致更好的解決方案。這類對話，無論是和上司、同事、團隊成員、朋友或家人，都可能相當緊張，令人卻步。你往往不知該說什麼或怎麼說，因此你可能乾脆什麼都不說，陷在自己的心理漩渦裡。**我相信你可以向任何人說出你想說的任何建設性意見，只要你以他們接受得了的方式表達，而且思路清晰地加以回應。**你將學習如何不讓對方產生戒心，並營造一種相互欣賞、合作的精神；你不會挑他們的錯，你會當他們是合作夥伴。

核心原則是，幫助每個人了解自己在問題和解決方案中所扮演的角色，運用你的力量創造一個環境，讓事情按照你認為**該有**的方式發展——每個人都有清晰的認識，承擔自己的責任，並受到尊重。你的機會來了——立刻開始吧！

轉移問題的歸屬

第一要務是建立對問題的**共同**認識，首先要用 3D 鏡頭觀察整個情況——你的經歷、他們的經歷、你們之間共有的經歷，以及各種具有作用的背景因素。在這基礎之上，你可以幫助他們看出目前的情況不利於他們想要的東西，這時他們必須開始共同擔起問題的責任。

我使用字首組合詞「POWERS」建立了一個架構，提出和表面上不合作的一方進行有意圖性的溝通以解決問題的幾個要素。這是一個讓你發起棘手對話的架構，你可以從中提取所需的部分，也可以把它作為模組，按順序瀏覽。我將分享**你**可以用來開啟對話的用語，任何時候，你都可以邀請人來分享他們對問題的看法，以及需要你提供什麼。

我將用我們在視角入口中提過的例子來說明這點：財務主管伊麗莎努力要讓IT主管提交他的部門預算。回想一下，從IT主管的角度看來，他不該被要求處理預算，因為他所主導的系統轉型太重要了，他的預算根本不該受到限制。她很少收到他的回覆，即使回覆了，也總是批評她和她的團隊。她把這看成自己的問題，覺得很惱火，因為執行長正陸續和各部門負責人開會討論他們的預算處理，她覺得自己的工作受到了阻礙。為了避免衝突，她用以下方式進行對話，並得到她想要的解決方案。

◎預設框架

植物或樹木的種子蘊含著它如何發展、生長的藍圖，夥伴關係也是如此。你的「預設框架」（pre-frame）——你展開任何人際互動的方式——包含了極大力量。

預設框架是一種立即減少戒備心理、誘發夥伴關係的與人進行對話的方法，非常重要的一步是提出一個中性的預設框架，明確表達你有興趣呈現所有觀點，並以互惠互利的方式推進，而非認為他們都錯了，只有你是對的。下文我用粗體字標出的部分是可用於提出中性預設框架的有用內容。

伊麗莎的對話開頭是：「**我想知道我們能否討論一下如何以較少的 email 往返，來完成我們的預算方案**。」或者「**我想聽聽你對事情進展的看法**，以及你對我的團隊的需求。**接著我想和你分享我所觀察到的**我們現有的目標、我們投入的努力，以及我們需要從事業夥伴們那裡得到什麼。」她也可以使用其他的中性語言，例如：「**我認爲，互相退一步討論『你以你的角色看到的』以及『我以我的角色看到的』**

可能會有所幫助，我們或許能想出更好的合作方式，來爲彼此分擔一些工作。」

這些對話可以用於邀請對方展開會談以及發起會談，它引起了和伊麗莎交手的ＩＴ主管的關注，並激勵他參與其中。

◎爲問題負責

為當前局面擔起你的一份責任，處理因為你而造成溝通中斷、缺乏理解或問題升級的情事，這也就是要把你份內的50％做到最好。作為第一個這麼做的人會產生很多善意，並成為承擔責任的榜樣，激勵他人無畏於困境，追求更高境界。

伊麗莎承認：「**我還沒有機會分享的是**，我們常在財務會議中聽到，執行長認為部門主管擁有自己的預算是非常重要的。」或者：「**我應該在這樣的背景下開始我的外展服務**，並指出我們可以如何提供協助。」

一種較普通的說法也許是：「如果你還沒收到所需的訊息或指導，**我願意爲此擔起我應盡的責任。」**

◎運用對方的ＷＩＩＦＴ（這對他們有何好處）

想要激勵對方和你一起解決問題，可以利用你所認為的他們的各項

WIIFT——為什麼他們該關心這個問題？以及解決方案對他們有何益處？

一開始你可能會覺得對方很固執，就像在本案例中，她把他的行為歸因於他的自大。乍看之下，這答案似乎阻斷了你和他人互動的能力，但正如說服入口提到的，只要有動機，你就可以召喚它！她必須停止關注他哪裡錯了，而要關注什麼因素能激發**他**。

激勵一個自大的人？很簡單，在執行長面前為他做足面子，或者讓他們接受你的想法。

她可以說，「執行長的一個首要任務是讓各部門主管編排自己的預算，他已經開始找每個人會談，對他們的預算進行正式審查。我希望能幫助你作好審核準備，讓你可以證明你的請求合理，同時顯示你對各種數據的掌握。」這肯定能引起他的關注！

◎列舉效應

從這裡你可以開始轉移問題的歸屬，幫助對方了解他們有哪些造成問題的行為。在這類看似棘手的情況下，我們常暗自假定「他們不在乎你受到的影響」，或更糟的是「他們是故意這麼做的」。有些人或許是如此，尤其像他這樣自戀的人，但實際上，有許多人並沒有清楚意識到自己對別人的影響。我們快活地為所欲為，從不考慮會有什麼下游效應（downstream effect）[27]。（老天，聽家人說起那天等我一起聚餐而我卻遲到的感受，真是令我難過。當然我不是故意不敬，現在我說什麼都要守時！）就像我們可以從改變自己的視角受益，我們也可以幫助對方理清頭緒來改變視角。

第一步是描述他們的問題行為並指出它的效應，這麼做時，要觀察他們的行為並向他們描述出來，使用中性而非評判性語言，來消除他們的防衛心理。說明也要明確，如實描述他們的行為，而不是描繪他們的特質，例如這樣說「在我發出三封email而沒有收到你的回覆之後」，而不是「當你對我不理不睬……」（因為在他們看來，他們或許並沒有不理你）。必須讓對方能客觀地評估，以便改變做法。其他例子還包括：當你……

「開會時沒等我回答完銷售經理的問題，就開始補充你的意見……」

「在我們提案前三十分鐘才把材料交給我……」

「提出我們一起發想的點子，卻沒把我的名字列在提案報告上……」

接著，幫助他們了解下游效應。具體來說，你要做的是幫助對方了解，其行為妨礙了**他們的** WIIFT。

「**當**我無法在審查之前和各部門主管討論他們的預算，**實際情況是**我會沒機會發現錯誤，然後執行長就可以好好拷問部門主管他們的開支問題。」

「**實際情況是**，你提出許多對組織來說非常重大的絕佳構想，但如果你在會議中說個不停，大家會覺得你不太像一個有戰略思維的人，而比較像一個只在乎自己的人，他們也會逐漸失去實行它的興趣。」

提醒：你或許會忍不住連番抱怨他們對**你**造成的損害，但要記住，由於人性，其他人不怎麼在乎你和你的角色所受的影響，而比較關心問題會如何影響**他們**想要的結果。一開始就要把關注集中在他們的WIIFT上，當你看到他們真正理解了它對他們的影響，你便可以簡要地向他們陳述他們的行為對你的影響。

27. 編註：指特定行動或事件對後續階段或流程的影響，它可以指某種行為對環境、供應鏈、經濟體系或社會其他方面的影響，重要的是要考慮任何行動的下游影響，以便充分了解其影響並作出明智的決策。

◎表達尊重

要讓對方感覺受到尊重、被傾聽和同情，要以肯定對方作為你的「出發點」（come from），採取一種每個人的行為都是可理解的角度，並以此形成你的基調。當人感覺被傾聽，往往會想出較好的問題解方，也會更願意和你合作，而說法也許是：「我知道你可能是因為你主管給的壓力而心煩。」對伊麗莎來說，說法也許是：「我很感激你肩負著巨大責任來改變我們的 I T 系統⋯⋯」

◎有話就說、說到做到

這時你可以提出請求、設下期待或提出更好的做法。通常，我們會修飾自己所說的話，免得傷害對方的感情或者令他們感到不快，於是使用一些你覺得夠了，但在他們聽來卻不痛不癢的含糊用語，而這可能會導致我們的要求變得薄弱。

在之前的努力中，伊麗莎說過一些含糊且無法實行的話，例如：「我們試著解決問題吧。」你不想迴避行動號召。相反地，你必須清楚具體地表達你的要求、請求或期待。發揮主控力！說出你想說的，可能就像這樣：

「我想進行一次後續對話，你可以說說你想要的，我也會說出我想要的，看我們是否能找出共同點來推動我們往後的關係。」

你**會**迫不及待想插話，告訴他們該做什麼，替他們制定所有計畫。你可能會說：「我再把資料傳給你，你看一下數據。」一旦你這麼做，就等於繼續把問題攬在身上！

對話到了這時候，你應該已理清頭緒，對方應該也已清楚他們在做什麼，以及為什麼這**爲他們**造成了問題。

以尊重和真誠的關注問對方：「那麼你想如何進行？」

這時，你已經將問題從你和他之間的問題，變成他為了獲得WIIFT而有的問題。強迫自己深呼吸，然後做一件對你來說不太自然的事：放下對問題的所有責任。讓對方去制定後續的計畫，然後你可以補充一些細節，這會有助於完成**從你的問題到我們的解決方案**的歸屬轉移。

而且要說到做到，既然你已經向對方呈現出他所需要的清晰度，那麼就要接受萬一他依然故我所帶來的自然後果。

讓對方成爲對話過程的積極部分

當你反覆告訴對方該做什麼，或者不斷希望他們會改變，你以為你在努力改善現況，實際上卻讓自己脫離了主控力。要某人與你合作的方法是：讓他積極參與談話過程。

不時檢查一下對方是否理解你談論的內容，尤其如果主要是你在說話，你可以問：「我們談了不少，你有什麼心得？」或者你的措詞可以更委婉些，把責任放回自己身上：「我們談了不少，但我不敢肯定有沒有表達出我真正的意思，你對我說的那些有什麼想法？」讓**對方**訴諸言語，說出他們的未來計劃和承諾，這會給他們一種自主感。

這是向他人提供指導的一個絕佳做法，無論是上司對團隊成員、父母對孩子、同輩之間，或者教練對客戶。

屬於你的50%責任是為每一個情況注入清晰度，清楚明白就是愛（Clarity is love），發揮你的作用，但不要越界把問題變成自己的，因為這麼一來他們就沒有動機和你合作了。「POWERS架構」加上積極參與，使得對方可以有效應付局面。

你有足夠能力讓情況往一種體面的結局發展——減少摩擦和精力消耗，並提出更好的合作方式，以便在更短時間內完成更好的工作。那就是運用你為所有人謀福利的能力。

試著和某個跟你發生齟齬、讓你感覺很無力的人一起填寫POWERS架構。

◎POWERS架構

P＝**預設框架**（Pre-frame）：為會談提供中性的背景和架構，接納所有觀點來減少戒備感。

O＝**爲問題負責**（Own your part in the problem）：為你可能導致問題升級的任何事承擔責任，並創造善意。

W＝**運用對方的**WIIFT（Work their WIIFT）（這對他們有何好處）：激勵此人和你共同參與問題的解決。

E＝**列舉效應**（Enumerate the effects）：觀察對方的行為，並使用可讓他們產生覺察的客觀語言向他們描述出來，幫助他們釐清其行為如何阻礙了**他們的**WIIFT。

R＝**表達尊重**（Respect）：對可能造成對方行為的環境表現同理心，肯定對方，說「我懂」之類的話。

S＝**有話就說、說到做到**（Say what you mean, and mean what you say）：清楚具體地表達你的要求，然後轉移問題的歸屬——問**他們**有什麼解決問題的計畫。

扮演情境管理者

你是否處在這樣一種情況：密切追蹤別人所做的事，動不動就為他們有的一些微不足道的行為心煩，或者為了迴避某個難相處的人而犧牲其他人的利益？

這時你可以按下自己思維模式遙控器上的不同按鈕，撇開無力感，你可以站在一個充滿力量的出發點來改善情況。**把自己看成當下局面的總管**，成為那個開啟問題解決程序的人，讓情況變得有利於每個人；把關注從責難轉移開來，讓視線集中在你能為所有相關者創造什麼利益。

你越能牢記所有受你所要解決的問題所影響的人（例如其他團隊成員、跨職務同事、客戶／患者／顧客），就越容易實現可以解決問題的非評判性、建設性的合夥關係，這就是你的大賽局！

這對我的客戶奧莉（Ali）來說是一個有用的提醒，她是一家公司的執行副總，她的一位區域董事沒能制定自己的目標，更別說實現目標了。每次和他互動，她總會大動肝火，因為他「又」沒有達到她的期望了。她耗費大量時間和精力對他進行微管理，卻忘了她是掌管**所有**地區主管、零售商和產品製造商的部門負責人。她需要做的是制定一個流程來確定他適任（或不適任），同時把和他的互動縮減成每天或每週一次，然後她就可以成為其他歸她領導的數百人的總管了。終於解脫了！

身為總管也可能是一個為自己和他人撫平情緒的人，米雅（Mia）是一家小公司特助，正和老闆約翰（John）及其設計團隊開會，他因為不滿意他們提出的新創意方案初稿而大發雷霆，指責了她和團隊。她和團隊被他的怒氣嚇得不敢動彈，沒有人——無論是你、她或該團隊——應該承受這種對待，但既然現實如此，你有能力化解這種僵局。

擔任總管的方式之一是將眼前發生的情緒化事件，轉化為一種能幫助每個人繼續往前的有益狀態。我建議她首先要重新營造一種肯定每個人的氣氛：「任何創新措施剛推出時，都難免要先摸索一陣子，來弄清楚我們要什麼。」

接著，她可以對每位成員表達同情，例如說：「約翰，我了解這個方案對你來說有多重要，以及你有多希望它能盡快運作，但我們不見得一開始就能理解一個新概念，因此我很高興我們召開這次查核會議來改正錯誤。現在我們了解到，團隊並不完全理解該怎麼做，所以說，約翰，可否請你再說一下你的願景和任何新訊息，或者你在我們上次談話之後更加確定的任何東西？另外，也讓我們聽團隊說說他們想在第一輪提案完成什麼任務，看他們是否有問題要向你請教，這會讓我們更清楚了解接下來該怎麼做。」

作為總管，你擁有不少力量可以充當恆溫器，即使其他人鬧情緒或固守自己的模式，並不表示你也得如此。不再動輒對號入座，你可以定下基調，協調所有成員。透過3D視角，你可以看到發生中的事件的全景，你會自動提升自己為領導者，人們會向你尋求引導，你因而擁有了在團隊（或家庭）中營造氣候的最大影響力。

這種擔任整個場面的總管的想法對於我面對其他人時，眼看就要出現抓狂反應的情況幫助極大。讓它成為你對自己的許諾，成為你應對生活的哲學，一種在任何情況下的本能反應。

我請了一位行銷寫手來協助我成立新網站，但我們的關係卻搞僵了，此時我提醒自己「要當總管」。經過好幾輪編輯並花費數小時為寫手提供詳細範例（眼看截止日期就要到了），交付的網站文案樣本和我們討論過的內容仍然相去甚遠，我對自己浪費的時間和金錢感到生氣，但我確實**需要**幫助。

當我指出文案中的各種問題，寫手不願對其中的任何錯誤承擔責任，她反過來指責我，批評我的言語不夠精確，堅持她寫的文案更能讓網站閱覽者接受。我認為問題出在她的戒備心理和無能，我打算炒她魷魚。當晚我上床睡覺時一肚子火，無法為自己的事業理出一條能帶來重大成果的途徑。

但我決心扮演總管，第二天，我以中性的預設對話框架和她接觸，希望能共同尋求解決方案。「我想問問妳的看法，也和妳分享我的看法，看我們是否能想出辦法，用最有效率的方式得到我們都引以為傲的成品。」

首先我擔起自己的50％部分，更準確地表達一些用語，而且如果我把文案重點精簡一些，將會幫助她寫得更清楚。我們逐一檢視她的措詞與我的本意的差異之處，她說現在她了解她的確偏離了我想表達的意思，並承諾會寫得更加精準些，我的善意換來了她的善意。

我提出一個基於這些理解的新合作流程，產生了我們雙方都希望的結果，這是雙贏（她甚至說我們提出的方法非常有幫助，她打算也把它用在和其他客戶的案子中）。當你擁有主控力，你會創造連鎖反應，讓情況因為有你參與而變得更好。

爲情境注入亮光

當你失去主控力，要繼續有意識地扮演總管可能會很困難，因此我想分享一個常能幫助我堅守這立場的練習。

回想當我在地平點上，我會想像自己被一道強大的白光包圍，我的用意是：我的參與能**讓任何情況的意識得到提升**。

我用來恢復這種能量的一種練習是，透過吟誦我在納摩（Naam）瑜伽中學到的「光之祈禱」的儀式，「用光包圍當下的情境」。在我點擊「傳送鍵」發出任何事涉微妙問題的信件，或開啟任何我知道敏感度很高的重要私人對話之前，我都會唸這首祈禱文。我先為自己唸誦，接著以其他人的名字和他們在我腦中的意象唸誦。

我面前有光，我身後有光；
光在我左方，光在我右方；
我之上有光，我之下有光；
我內在有光，我周圍有光；

照亮一切，照亮宇宙；
看見我的人眼中有光；
聽我說話的人耳中有光；
與我交流的人心中有光；
那些談論我的人心中有光；
願那光使我恢復健康，
常在我心中，
在我前方，牽引我，
安頓我，保全我，
用智慧圍繞我，
靠近我，鞏固我；
願光在我有意或無意冒犯的人們當中，
願光與他們同在。確實如此。

像這樣用光將我自己和其他人包圍之後，我將雙手舉在前方，掌心向內。透過雙手之間創造的空間，我想像著我想要的結果——解決問題並有利所有人的雙贏局面。接著我將**這股**能量帶入互動中，這能為任何衝突帶來明顯的善意，並有助於將能量轉向和諧的結果。

你有能力阻止任何事態升級，並為任何情況注入更高層次的意識。當你越來越常以情境管理者的身分生活在主控力之中，你就會懂得如何在發生力量轉移的情況下「提高振動頻率」（raise the vibration）。

那麼，你如何在讓你感覺無能為力的情況下扮演總管？

◆◆◆

我們之所以那麼關注和我們有過節的人的「錯誤」行為，一個原因是，我們對於他們該如何表現抱有期待。**對人感到失望和憤怒的最快途徑就是，在腦子裡對別人抱有期待而對方並不知道，不見得同意，而且沒照著做！**這時，你當然注定會因為在意別人不符合你對他們的期待而失去主控力。

握有主控力意味著無論周遭其他人如何變化，你都能「表現自如」，照顧好自己（如果需要其他人作出改變以履行工作交付或共同育兒等責任，請利用他們的WIIFT動機來鼓勵他們合作）。

否則，人們其實就只是照樣在過他們的日子，**你會生氣是因爲他們的局限性行爲啟動了你的頭條故事或引發了你自己的失望情緒**。當你知道如何度過這些脫軌的時刻，它們給你帶來的衝擊便會減少；你越是懂得如何保持「表現自如」的狀態，就越不會被別人劫持；除了種種傷害之外，你也可以客觀地思考目前是否適合和這個人保持親近。

讓別人按照他們的節奏過日子，你要靠自己向前推進。

主控力實務：合作夥伴關係

1. 透過幫助人們認識到他們的行為正干擾了「對他們有利的事」，來建立對問題的共同責任意識。
2. 利用POWERS架構作為和難相處的人進行對話的指南，這會有助於降低對方的戒備心，讓雙方共同解決問題。
3. 與其陷入無力感，不妨把自己當成情境管理者，照顧所有相關人員，並提出讓每個人都能發揮主控力的解決方案。
4. 在進行一場你估計會很棘手的談話之前，記得用「光之祈禱」環繞你自己和對方，以便帶著善意進入談話。
5. 讓別人按照他們的節奏過日子，你要靠自己向前推進！

CHAPTER

11

保護：從默默承受到主權感

「界限不是圍住你心的城牆或護城河，而是通往自尊的路徑，他們說『我選擇自我關愛和自尊』，而非讓人失望的可能性。」

——作家、TED講壇演說者／布芮妮·布朗（Brené Brown）

有時，問題不斷出現的原因確實是出在對方身上，而你又無法改善，至少目前是如此；或者你想要發揮力量，但效果不彰，不過你**總是**可以保護自己。別人可能會批評，但你不必接受，你不必等待或希望別人改變來讓自己擁有或拿回主控力。

保護自己讓你保有自己的生活，意思是說，「什麼能進入我的情緒領空由我決定，我把自己放在第一位並滿足自己的需求。我作的抉擇是為了過我想要的生活，**你的**行為影響不了這點！」

保護自己的能力來自知道自己的「YES」或「NO」，但問題是，當你感覺自己受到他人的性格或要求的強大力量支配時，你如何能確定？

試試這個實驗，在接下來二十秒左右（無需數秒，只需給自己足夠時間來獲得清楚的信號即可），反覆用力地默念或大聲說出「不」這字眼。注意，你在身體哪個部位感覺到了「不」的信號？接著用「好」進行同樣實驗，大約二十秒不斷重複「好」！可以默念或出聲。你的「好」位在你身體的哪裡？感覺如何？對我來說，我的「不」類似把某人推開的強烈感覺，而我的「好」就像上下流動的光和能量。

現在你知道了當界限被跨越時，你的身體所發出的語言信號，如果你在「不」的情況中煎熬，**這是制度出了問題的徵兆**。這意味著其他人也沒有得到好處，甚至那些理當從僭越行為中受益的人，例如凱莎那位不分日夜打電話給她的上司，如果他有導致他一整天反應過度的潛在問題，那就表示他也不會得到進步；由於依賴她，**他**錯過了許多改善事業問題的方法。這也表示缺少就各項需求進行公開溝通和協商的機制，如果一味迴避，問題最終會爆開來，但這種消極態度會讓事情變得難以控制。如果你繼續認為「他們竟然這樣**對**我」，那你就錯失了為大局尋求解決方案的機會。

而如果你不設法保護自己，你就會失去主控力，並感覺被利用或被壓制。問自己，誰真正受益了？會持續嗎？你是否被打敗了？這值得嗎？**保護自己不是自私，而是將自己擺在第一位**。要不要做點什麼來保有自己的主控力，由你決定。

記住，當你主控力在握，光是你的在場就足以提升周遭的每個人。因此，如果你沒把自己擺在第一位，發揮自己的優點，那麼你就幫不了任何人，你的存在也無法提升他人。

保護自己有許多形式，設定界限是自我保護的標誌，你的界限向世界宣告你願意做什麼、願意忍受什麼、願意參與或不參與什麼。它給你自信，讓你不受他人局限性行為的影響。

你也可以進行反擊，讓互動更符合你的意願；你可以讓自己脫離某種情況，一開始就不讓自己進入，或者以一種對你無害的方式參與。在某些情況下，你或許永遠不需要解決問題，只要你能保護自己不受它的負面影響。表達你要什麼，然後努力去達成，是在自己的50%範圍內盡力而為的一種方式。在保護入口中，你將學習一種Swiss Army™瑞士軍刀的方法來保有自己的主控力，不管人們和外在力量如何聯手削弱你的力量。

我將在這裡分享幾種類型的界限，包括防止外界對你的工作量、工作期待相關的侵犯。接著我將分享如何建立保護屏障來應對最難纏的人，例如完全的霸凌者和自戀者，這些人可能對你為了應付他們的行為所做的所有努力毫無反應。

但首先，重要的是要承認，設定無論何種類型的界限都可能令人生畏，甚至引起高度焦慮。我們會擔心人們如何反應，尤其是那些職權高於我們或可能表現出敵意的人；或者擔心別人會如何看我們，不想讓自己顯得粗魯、緊張或缺乏團隊精神。儘管有許多顧慮，先記住幾件事將有助於你著手設定界限。

回想你生命中的某個善於設定界限並嚴格遵守的人，你不敬佩他們嗎？那些堅守界限的人給了自己足夠空間去做大事。如果這還不足以闡明我的觀點，那麼我們來看看這是否終於能讓你信服：著名研究員兼作家布芮妮．布朗（Brené Brown）在她的研究中發現，最具慈悲心的人們都有一個共同特徵：有分明的界限。

你可以透過判斷，來確定和你互動的人有多少能力尊重你的界限——答案將決定你需要設定什麼樣的界限。當你第一次提出你的需求，留意他們的反應是防禦的還是恭敬的。如果是防禦的，他們會轉移你的需求，專注於他們自己的需求；他們也可能坦率地批評或攻擊你，要你「別反應過度」。如果他們態度恭敬，他們就會為自己的行為負責，而且有興趣進一步了解如何做得更好：「我沒發現我有那種行為，謝謝你提醒我。」如果這人表現出恭敬，表示他們珍視你在這段關係中的情感需求——此人值得一起繼續努力讓關係變得更好。如果對方的反應落在防禦或迴避的範圍內，那麼請遵循詩人瑪雅．安吉羅（Maya Angelou）的不朽名言：「當有人向你展現出他的為人，要相信他。」接受這些條件為現實，放下期待這人會改變的一切希望。治癒他們**不是你的責任**，這時你要比設定**界限**更進一步，要設下**屏障**，我將告訴你如何做到這點而不會遭到反擊。

時間、心力和精力的保護界限

無論在職場或家裡，對我們時間和注意力的侵犯已成為一種文化問題，大家心照不宣期待著人應該要能隨時接收、回覆email和簡訊，而且無論事情緊急與否，都應該馬上回覆，所有人都在一種「馬上辦」文化中運作。

過多的工作時間和要求已成為常態，無論在辦公室或遠距工作，上司隨時都會來打擾，丟出新任務，突然召開團隊會議。造成這問題的原因，是我們迫使自己成為由我們親自驗證的完美供應鏈。

「隨時待命」的期望會導致不滿，感覺自己無法掌控，它被認為是導致倦怠的一個原因，促使大家重新思考如何優先考慮員工的心理和身體健康。

避免工作過量的積極界限

無論處在什麼情況，你都可以主動和他人溝通界限問題，提出你為了盡力完成工作並照顧好自己所需的心理和身體空間。別等到有人擾亂了你的時間或注意力才想要阻止他們，那就像打地鼠遊戲，沒完沒了。

我曾建議一個人資團隊處理壓力和工作過量的問題，包括設定界限。我聽他們說，「我們沒有良好的界限，一切都感覺像急事。早上六點半我收到一位主管發來的email，我當下覺得，『我**現在**就得回覆。』」一名團隊成員甚至在參加葬禮時接到同事打來的電話，儘管很生氣遭到侵犯，**她還是接了電話！**

以下是幾個他們推出的新措施的範例，首先是處理工作過量的上層根本原因的方法。作為一個團隊，他們討論了他們的大小目標，以便將較大目標放在臨時性急事之前處理，他們安排了一些團隊集體不參加會議的時段，讓成員不必為了拒絕開會而為難。我們還進行了「理想的一天」討論，會中每個團隊成員就理想的一天／理想的一週給出了共同的意見（大都涉及有效率地完成最有意義的工作，同時擁有更多掌控感和樂趣！）。各項方案有了新的時間表，每個工作項目的新篩選方式變成了「這是否符合我們理想的一天／一週？」

你必須訓練別人來幫助你發揮最大潛力，他們開始在同事間的溝通引入新的意向性標準。例如，他們會向同事說明邀他們參與處理人事問題的最佳方式；他們也會在回覆 email 請求時詢問事件的脈絡，例如「你需要我什麼時候完成？」光是請別人仔細考慮事情的輕重緩急，便可以幫助你掌控自己的界限，同時也藉由要求對方進行審慎、策略性的溝通來提升他人。

你可以使用 WIIFT 框架，來幫助他們了解你的設定界限是如何有利於**他們**，而且也會盡量符合他們的工作需求。如果你面對的是一個週末工作的上司，而你並不是，你可以說：「我希望你週末工作順利，我們能不能在週五早上討論一下，看有什麼是我可以為週末預作準備的？」

或者，如果你有個同事老是在最後關頭提出請求，打亂你的日程表，那請告訴他們，你只有在他們要求的回報時間前二十四小時收到提案簡報，才可能給出審慎的意見。

透過這種方式，設定積極界限可以幫助個人，幫助工作流程，還可以幫助整個團隊提高績效。

一旦設下界限，堅守就成了下一個挑戰，這也適用於你的個人生活。例如，你或許曾經有能力和約會對象設定界限（也就是，除非你在這段關係中感到安全、被看見和被支持，否則你不會再見對方），但要維繫它必須靠你對自己的許諾。它必須來自你知道自己理當得到更多的立場，了解你的能量和注意力是神聖的，而且你有權決定要把它用在哪裡。這就像是，想像擁有主控力的兩個人（或一群人）聚在一起時所創造的魔力——相信自己做得到，而且絕不妥協。當你感覺力不從心，很想放鬆界限以求快速得到認可，一個很有用的做法是提醒自己你的「地平點」，或者為實現你的目標而行動，Go Direct！

設定界限以騰出你需要的時間

我們當中有些人有時間被侵占和工作量過大的問題，但這可能多少是自己造成的，因為我們相信應該隨時待命為團隊效力，我輔導的許多領導者都很努力地在這當中求取平衡。

我的客戶傑琪（Jackie）是一個抵押貸款經紀人團隊的高級副總，在她引進三名新團隊成員後，她的工作量和日程表變得過於繁重，因為她覺得自己必須花大量時間向他們每個人傳授業務的所有細節，同時還要保持她的高水平放款量。她很自豪能為新員工提供幫助，但她也意識到這種情況需要加以控管，她的地平點是：成為一個冷靜清晰的思考者。

我們共同建立了一個決策樹[28]，為他們何時應該（和不應該）來找她設定了明確界限。她定出他們應該給她打電話或發email的情況，這時她會立即回電給他們；她還告訴他們，在哪些情況下應該先查閱訓練章程來確定買家的資格，或者改為聯絡運營經理。這使得她的工作量減輕不少，也讓團隊這年的結清放貸量從三千萬增加到八千萬美元。

許多領導者每天花大量時間救火、奔波於各個會議，忙得分不開身，根本沒做他們知道自己該做的長期目標設定規劃。如果你也是如此，不妨查看一下你的日程表，為它設下「不得侵擾時段」（sacrosanct time）。例如，我的客戶卡拉（Kara）制定了「戰略思考午餐時間」，她保護自己的行事曆並啟動email自動回覆，表明她正在制定戰略願景。她採取遠距工作，現在每週有兩天她會走到家中客廳，端著杯熱飲坐在舒適的閱讀椅上，播放爵士樂，翻閱她所在領域的會議紀錄摘要的列印資料，身邊放著寫字板，以便隨手記下她想到的點子。

控管你的每一天，你對行事曆的掌控權比你想像的大得多。試著在其中尋找樂趣，你是恆溫器！

許多人希望在工作中設定界限，同時又能保有高績效和團隊合作，以下是幫助你做到這點的指南小抄：

如何對請求說不，同時保持團隊合作

- 確認請求訊息，以便對方知道你已收到。
- 關切但直接：「我很想幫你，但我手上有一大堆急件」或「抱歉，沒辦法」或「我工作滿檔了」（注意你的案子是不是由你們的共同上司交辦的）。
- 表達對他們需求的體諒並表現出你的慷慨意圖，表達在不同截止日期、資源、範圍或其他改變或替代方案下的配合意願。
- 如果是回覆你的上司或團隊成員，詢問他們是否可使用團隊設定的優先事項篩選方式來一起檢視工作的分派。

28. 編註：Decision tree，由一個決策圖和可能的結果（包括資源成本和風險）組成，用來創建到達目標的規劃。

- 詢問你能不能只完成一部分，或者只完成你能立即完成的部分（例如只參加會議中談及你工作進度的部分，而不是參加整場會議）。
- 說出你打算如何解決問題，以便他們從你的經驗中受益，即使你無法親自去做。
- 向大家說明你正在調整自己的職務，減少他們要求你做的這類事務，增加你目前正全心投入的部分。
- 如果是職責明確的問題，提議在團隊內部會議時解決就好。

積極發問擊退冒失鬼

我們多半都遇過跨越我們界限的客戶或上司，我曾在培訓中為一位建築師提供建議，她的一位客戶熱切地想從她的公司獲得更多，要求了超出他預算的項目，而且纏著她追問為何不能給他，她慌了，不知所措，又怕會失去這名客戶。

其實，她可以運用積極發問來建構他們之間的互動，我們構思了一封語調中性的 email，她在信中提醒他合約載明的工作範圍，並說這是她在預算範圍內可以做到的極限。她解釋說，她和她的團隊已經花了更多時間參加許多超過預先規劃的會議，接著她提出一個積極問題：「我們可以按照原來的預算做 abc，如果你希望重新設計增加 xyz 的部分，就超出了我們的合約範圍，如果多支付$＿＿＿額外費用便可以做到，**你會怎麼選擇？**」

積極問題可以收編打擾者，讓他理解狀況，你給他們一個明確選擇，並讓他們承擔這麼做的責任。你還表現出對他們需求的尊重，傳達你了解額外工作對他們來說有多重要，而非只是指出他們的期待有多麼不妥。這會讓你的客戶，或者和你鬧矛盾的任何人，都在你的掌控之中。

還有一個好方法可以釐清你的時間界限被侵擾的情況，就是將你手上的所有案子列在一張紙上，這對管理者特別有幫助。這可以製造一種令人「震驚又敬畏」的視覺效果，讓對方一眼看到你進行中的**所有**工作，並同意你的負擔確實很大。然後，你可以詢問有關他們的優先事項的積極問題，來開啟解決問題的討論，例如「必須先完成哪一項，a或b？」或者「你希望我先完成 a 再開始進行 b，還是我們可以引入外部人力來分擔一些工作量？」

我曾指導一位優秀員工向她的上司提出一個積極問題，儘管她的表現大受好評，她的上司給她的獎金卻少了兩成，我們都為她未獲認可感到生氣，我心想，「不准在我眼皮子底下發生這種事！」於是我們制定了後續策略。她問是否可以再看一次她的工作審核，以便進一步了解他對她的要求。她帶來一張列有她經手的所有方案的單頁摘要，上頭包括了以他的優先處理評估所得到的投資報酬率（ROI）來呈現的案件成果，她詢問上司：「這些案子有哪些地方不該得到獎金？」放心，他把她的獎金全額補足了！

消極界限

你可以設定界限來回應那些在你內心激起「不」的人，表示他們跨越了界限。界限不是為了改變別人，而是為了界定你在面對他人時**想成爲什麼人**，**以及想要什麼樣的體驗**；界限並不是對他人的威脅，而是關於你和你為自己制定的規則的一種聲明：「如果你這麼做，我就會那麼做。」這是表明你的立場。

「如果你做 x，我就會做 y。」這是設定界限的一個基礎框架。在我的個人生活中，我有一個我很愛而且想和他保持密切連結的人，但有時候他可能會變得對我極度挑剔，尤其當我們透過電話交談時，我會小心而冷靜地設定界限：「聽得出來你的用意是要指引我在一些事情上改變做法，可是這會在我努力想保有主控力時，削弱並分散我的注意力，所以我不打算繼續聽你說的那些話。你還有什麼之前沒告訴過我的事想趁這次談話補充的？如果有，我想聽聽看；如果沒有，我想告訴你，現在我要掛電話了。」

現在輪到你了，你在什麼情形下會體驗到「不」？

現在你是否有了這樣的心態：如果設定了界限，你就可以重拾主控力？你想設定什麼界限？

哪些積極或消極的策略，可以幫助你在維繫關係的同時保持幸福感？

先在這裡試著構思你的界限：

◆◆◆

比界限更嚴密的保護：設下屏障

生活中一些和我們起衝突的人大剌剌闖入我們的禁區，以致我們頓失主控力。有些人吹毛求疵，有些是魯莽的惡霸，尤其是擅長精神虐待的具有自戀特質的人，甚至有些環境仍然容忍性騷擾者的存在。對於所有這些類型的人，即使你無法改變他們的行為，你仍然可以採取一系列策略，來試著保護自己免受他們負面行為的影響。

自戀者的特殊問題

如何知道你正和一個自戀者或有自戀傾向的人打交道？你可能會受到以下對待：

- **批評和指責**：無論你的行為對錯，你都會不斷受到批評；你不斷被要求為對方生活中出現的差錯負責，不管那是否和你有關。

- **撒謊和情緒操控**：此人會武斷地說些他信以為真但並非事實的話；他們會編造一些你有過失而他們沒有的虛假敘事；也會堅決否認自己的不良行為或錯誤，無論那有多麼顯而易見。

對待自戀者要有策略，因為他們會不擇手段地抬高自己，然後貶低你，如果你沒意識到自己正和一個自戀者打交道，你就會一再被他們的謊言和偏差行為所困惑。他們的錯誤指控可能會讓你質疑自己對情況的看法和判斷，這會削弱你在自戀者面前的地位，甚至可能導致你覺得自己應當受他們虐待；他們甚至可能讓你相信你需要他們的支持，因為你不信任自己。

知識淵博的米塔．馬利克（Mita Mallick）是有影響力的Carta公司[29]的多元長，她和迪伊．C．馬歇爾（Dee C. Marshall）[30]共同主持了一個Podcast頻道《有色談話秀》（*Brown Table Talk*，分享一些針對有色人種女性的常見微侵犯故事和解決方案），她在一篇發表在《哈佛商業評論》和我的Podcast「權力轉移」頻道的文章中，描述了自己被一名自戀同事操控的經歷。她回想，「我在整理提案建議，我的上司

29. 編註：eShares, Inc.，總部位於加州舊金山的科技公司。
30. 編註：Diverse & Engaged LLC的CEO，領導力培訓師與多元化顧問。

說：『妳真該把它呈給管理團隊，如果這樣就太好了。』然後我等著被邀請開會，但沒有下文。在他建議我參加的那場會議當天，我發簡訊給他，問我是否該參加，但沒有得到回覆。然後我收到另一位高管的便條，說我的上司說我休假去了，然後向團隊交出了我的提案。我的上司還告訴我，我即將獲得升遷，但又隨後改口說我無能，組織中沒人願意讓我加入他們的團隊。」

想知道人為什麼會對他人做出這樣的有害行為？請舒服坐好，讓我帶你好好了解自戀者不為人知的一面。自戀的人往往很有魅力，而且在他周遭建立了綿密的效忠者網絡來保護自己。在你們關係的初期，他會向你灌輸要對他忠誠的觀念（在浪漫關係中，這叫愛情轟炸）——給予你大量的支持來獲取你的信任，而且不斷提醒你，他為你做了什麼。

這類型的難相處之人裡，有很大一部分都曾在童年時期，重複經歷無法控制自己的身體和／或情緒安全感的狀況。當一個孩子處在情緒上（或身體上）如此危險而有害的環境時，產生的恐懼和憤怒可能會大到令他們難以忍受。同時孩子也會產生強烈的羞恥感（即使他們並沒有做那些行為），因為他們被導向一個頭條故事，認為自己應該受到這種待遇。那些承受過這類極端體驗的人，往往會設法不去感受這些強烈情緒，以此來保護自己並防止徹底的情緒崩潰。他們有系統地制定應對策略，讓自己**不去感覺**這些經歷引發的強烈情緒反應。

似乎很難想像如此善於操控的人曾經那麼脆弱，但這正是為什麼他們會在當前生活中去否認自己的無助感，他們「把這部分的自己分裂出去」，將它投射到外部，如此一來，脆弱的情感就不再存在於他們「之內」或與他們「有關」。從心理學角度來看，他們將自己的無助感投射到你身上；或者他們透過以一種，讓**你**感受到**他們**內心感受不到的無力感的方式來對待你，來讓自己在心理上變得強大——這叫做「化被動為主動」。

換句話說，他們對你的控制行為**實際上與你無關**，而你應對他們的**力量**就在這裡。首先，你的力量在於不將他們投射到你身上的東西內化，同時你也有能力盡可能限制你和此人的互動。

以下是保護自己免受自戀者或霸凌者侵擾的七種策略：

1. **認可他們的行為和你無關，而且絕不可能改變，別浪費精力去改變他們**。這種認可甚至可能讓你對他們產生些許同情，你每天只需和他們互動幾分鐘或幾小時，他們卻得全年無休和自己相處。

2. 徹底**減少接觸**。盡可能避免和他們互動，如果必須互動，請以一種徹底降低他們對你的影響的方式進行。和他們互動時，盡量符合人道地不表現出參與，打個比喻，最好能讓自己變成一塊「灰岩」——平板、單調又乏味。溝通時要機械化、簡單扼要，這是你模仿「冷漠青少年」的最佳時機，用一句「隨便啦」（可酌情加上聳肩、翻白眼）或類似方式回應所有不愉快的交流。提示：和自戀者打交道是使用「冷卻呼吸法」（請見「生理入口」）來讓自己保持平靜狀態、連結上自己的地平點的好時機。

3. **避免徒勞的問責嘗試**。記住，自戀的人通常只活在當下，他們只關心情況**此刻**給他們的感覺；他們往往不記得之前說過的話，即使這些話是矛盾的。責備他們過去的不良行為只是徒勞。如果非接觸不可，你可以藉由同理他們來盡可能改善關係，你不必贊同他們的行為，但避免激怒他們是有幫助的。如果你能表現真誠，又想避免明顯哄騙他們的語氣，你可以這樣說：「我知道你對這案子抱有很大的期待，而且正努力讓它朝著好的方向發展。」

4. **自戀者會對權力作出反應**。他們尊重那些擁有並展示權力的人，意思是說，當這樣的權力直接施展在他們身上的時候（我不太鼓勵試圖對他們施加權力，因為他們會不計代價報復你）。慎選你的戰場，但有時候「紀錄會說話」，這非常重要，因為它會對你的工作審核或名聲產生影響。如果批評是系統性的，你可以等證據確鑿再來證明他們的看法是錯的，但向他們提出時態度要堅定。參加我課程的貝絲（Beth）經常被她的自戀上司告誡，因為她曾拖延過經手案件的完成日期，擁有最糟糕的紀錄，而她知道她的一些同事也沒遵守完成期限，但根本問題出在上司訂下的完成時間根本不切實際。她調出團隊所有方案時程表的檔案，並整理出一份足以反映現實的備忘錄，顯示她實際上是遵守完成期限的第二名。她在一次績效評估會議上向上司提交了這個訊息，從那時起，她的上司再也不曾抱怨她錯過最後期限的事。

你運用權力時，霸凌者會尊重你，但為了防止報復，你必須在一對一、非公開的環境中，以冷靜但堅定的語氣接近他們。對事實的陳述要簡潔、中立，然後轉向下一個主題，讓他們在沉默中留點面子，別指望得到認可，只要知道你是有道理的。

如果他們的行為會對你和其他人產生不利影響，最重要的是，要考慮找其他能決定你的未來的決策者修復你的聲譽，而不要試圖影響自戀者不可理喻的腦袋。

5. **爭取關注度**：把被剝奪權利的事件記錄下來總是有幫助的，能掌握確切證據，如果其他和你共事的人也有類似經歷，那麼集結這些事件的集體報告就更有分量了。有些人不確定人資部門是否能保護他們，如果你和該部門的某人關係密切，你可以概略性地報告情況而不指出人名，並徵求他們處理這類情況的建議。如果他們的回應足以讓你信任，你可以要求展開調查來確定事情真相。

6. **附和他們**。雖然批評語氣可能極不恰當，而且內容也多半是錯誤的，但他們說的一些內容可能有一定真實性。在這情況下，你或許可以輕描淡寫地「同意」他們的核心觀點，藉此減輕他們的虐待，這會讓他們**頓時洩氣**，讓他們無話可說。

例如，我的客戶有一位挑剔的C字頭高管上司，他嚴厲斥責她為了健康問題而錯過一次大型會議，這確實很沒道理。她的健康問題是在拖延許久的痛苦離婚後出現的，諷刺的是，上司的霸凌給她帶來更大壓力，進而加劇了婚姻衝突。她的策略是對她的上司說：「是的，管理自己的健康對我來說確實很重要，而我也正在積極努力，感謝你的關注。」結束。

7. **離開**：如同米塔．馬利克所說，她遵循「你無法在傷害你的地方療癒」的忠告，她拿回主控力，採取了行動，不再留在她受到情緒操控的組織中。她也學會了更加適應並保護自己免受組織、情感關係或各種情況的影響，在這些情況下，有人可能會因為和他人有關而和她無關的因素，低估她的貢獻或掩蓋她的鋒芒。

如果你留下也是可以理解的，你可能會被操控並失去主控力，但如果情況已到了你不願耗費精力去解決的程度，不妨選擇離開。為了順利脫身，可試著尋找新的職位／機會，無論在公司內部或其他地方。離開一個位子可以成為你的「關鍵動力」（power move），只要那是你選擇而且熱愛的位子。

（如果你直接從第二章跳到這裡閱讀有關應對自戀者的內容，希望你得到了一些有益策略！現在請從第一個入口開始，逐步瀏覽本書的其餘部分，因為所有策略都是相輔相成的。）

騷擾的特殊狀況

如果遇到騷擾狀況，你必須設下嚴格的屏障，**你不該因爲別人對你行爲不當而受到指責**，因為職場和整個文化有責任提供一個安全的場所來讓你發揮才幹並獲得報酬，這時要能強制減少接觸或不接觸，並擺脫騷擾者的威脅。

如果你想留在發生騷擾或侵犯狀況的組織或社區，或許可以制定保護條款來讓你待在自己的崗位上。我的一位客戶和她公司的執行長一起出差時遭到他的猥褻，她向人資部門提出要求，讓她不必和他一起出差或在房間裡共處，這要求得到了批准並強制執行。她被調到一個無須和他每天接觸的職位，六個月不到，她對情況並不滿意，於是她離職並開創了副業。她可以控制敘事，而且能夠不把它看成一種逃避或「認輸」，而是站穩自己生活立場的關鍵動力。

如果騷擾者的行為啟動了某個頭條故事，讓你感覺自己無足輕重或毫無價值，你可以重新拿回主控力。運用你的能量，讓他們的每一次羞辱都成為和你的自我建立更牢固連結的機會，然後強化新的人生故事，提醒自己繼續展現地平點角色。

你生活中是否有自戀、喜歡騷擾或跨越界限的人？要對付這些人的暴力並不容易。七種屏障策略中的哪一種最能保護你？

◆ ◆ ◆

既然你正透過策略來維護自己的福祉，你或許會發現，你很想把自己的真實想法和感受告訴冒犯者，並讓他們向你表現出應有的尊重，而你將在下一個入口學習這點。

主控力實務：保護

1. 找到自己內在的「YES」和「NO」信號，這樣你就會知道，何時需要用界限或屏障來保護自己。
2. 深化相信自己值得受到尊重的許諾，這種心態將幫助你在設下界限之後堅守它。
3. 今天你能設定什麼樣積極主動的界限，來防止以後不得不玩打地鼠遊戲？
4. 你可以在生活中的哪些情況使用「如果你做 x，我就會做 y」這個設定界限的公式，或使用積極問題來應對那些僭越和侵擾的人？
5. 你有七種設置屏障的策略，來盡量減少接觸並保護自己不受自戀者或霸凌者的傷害，你可以立即運用哪一項來維護自己的福祉？

CHAPTER 12

強大的眞相：從激憤到眞誠

「慈故能勇。」

——中國哲學家／老子

麗莎（Lisa）是人力資源部負責人，她知道自己必須做點什麼，那是二〇一九年，當時多元共融部門的主管們已經在忙著對抗組織中欠缺的緊迫感（儘管大家對不公正和投資報酬率數據有了更多認識，卻依然故我）。她對自己的聲音沒有被聽到感到沮喪，並將責任內化；她是一個完美主義者，想證明自己的價值，卻對自己感覺很糟；她還致力於推動包容性價值觀；她內心糾結著是走是留。

麗莎計畫帶著平常的材料（一份精美的PowerPoint，內容包含公司發展指標現況的圖表，以及她對公司目標的戰略願景）參加了下一次領導團隊會議，她有一種聽天由命的感覺，他們肯定只會一臉呆滯，像平常那樣做他們該做的。然而，她好想讓公司超越記分板，將多元共融的概念深植在他們的DNA中。

我對她說，她已經準備好和他們分享她的強大真相：她對缺乏變革的觀察，以及她對創造具有真正包容性和尊重的文化的熱情。我們為她精心準備了一個腳本來啟動會議，大意是「我們在實現多元化、公平和包容性目標方面只完成了30%，而現在已是年底了，**我是無法接受的**。有什麼地方可以接受30%的業務完成目標？我要求所有人，包括我自己，都必須做得更好。我想聽聽每個人的意見：我們**究竟**想要什麼樣的文化？真正讓我們感到不安的、阻礙我們前進的問題是什麼？我要率先分享我做得還不夠的地方，然後我希望我們每個人都努力追求所有團隊的公平性。」

麗莎的堅定聲明以及自認需要更努力的開放態度，使領導團隊凝聚起來，進行了一連串坦誠而敏感的對話，讓他們在取得真正進展方面更加靠近且一致。文化措施成為優先事項，並融入了日常業務結構，而且由管理團隊的每位成員依個人權責領導執行。

你說出強有力的真相，因為你非說不可，而且知道必須有人把它說出來。它讓你的所思所感和你的所言所行取得一致；它讓你重拾主控力，因為它幫助你打破你不敢說真相、屈服於現況的保留態度。

它很強大，因為你敢於在別人不敢說的時候說出來，這是在利用你的聲音來為你的真相負責，接著它就成為其他人可以而且必須處理的事了。

使用日常對話規範以外的語言或語調會讓我們不再自滿，你堅定不移、不試圖討好的態度和表達樹立了新的標準。你向他們展現出更多你的真實面、你的真誠和人性達到新的高度，它迫使聽者以新的方式和你互動，並要求他們以新的參與感來對你付出關注。「保護」是為了闡明你不贊同什麼，「你強有力的真相」則是為了表達你的主張，有了這兩種方法，你便可避免因感覺自己老在原地打轉、無法表達意見，而產生的能量漏失。

雖然不是為了獲得認可，但你確實想吸引人們參與，在強大的真相入口中，你將學習表達你強有力的真相，進而推動其他人採取行動。

強大的真相不必是華麗優美的演說，只要能反映你真心相信的東西，而一個有趣的事實是：如果我沒有分享強大的真相，你就不會看到這本書。出版商聯繫我，要我繼我的第一本書《壓力下的成功》之後再寫一本，因為讀者面對劇烈變動的世界，渴望獲得有關壓力和心理韌性的建議。我說我覺得關於如何應對一般壓力的書已經太多了，因為過去兩年有大量關於這主題的部落格文章和影片被發表出來，而我也已經談過這個主題，我說我只想寫能提升價值的書。

我們立即打電話討論，我分享了我的觀點：沒錯，倦怠來自有太多事要做的壓力，但心理健康的真正潛在問題是缺乏「權力感」（sense of power），那會壓垮我們。

我分享說，那些非常忙碌但主控力在握的人會繁榮昌盛（他們只需要多休息！），但導致當今許多人充滿壓力的潛在主題是：他們處在缺乏控制感以及感覺不受重視、不被聆聽、不具影響力的狀況，卻欠缺拿回主控力的技能。如果他們願意讓我寫一本這方面的書，我就答應！

我不知道編輯會如何回應，我還沒有完整想法，我只是想到所有那些消極度日或感覺自己被削弱的人，也分享了我利用解決方案幫助他們的願景。我並不擔心他會怎麼看我，對結果也**看得很淡**。和他會面時，我只是「暢所欲言」，當我描述對本書的願景，編輯沉默了好一陣子，但隨後他回應了……他喜歡這個概念。Boom！

說出強大的真相會讓你覺得脆弱，但也會開啟新的可能。

你可以和某人分享你的強大真相來迫使他們重視你，或傳達你在一段關係中真正需要的東西，或者你也可以和一群人或觀眾分享。你可以分享一個強有力的真相來讓其他人承擔責任，因為他們說的話或做的事，違反了你的價值觀或貶低了你（或他人）。

聆聽自己內在發出的「這樣不行，事情必須改變」的聲音，我們往往忍著不表達這些真相，因為我們擔心別人的反應。我們也都被制約成（尤其在職場）要盡量減少情緒表達，避免提出敏感問題，尤其是可能讓當權者不舒服或出糗的問題。

例如，非營利組織 Catalyst[31] 調查發現，有86%的男性希望進行干預來制止對女性的微侵犯行為，但只有不到20%的男性付諸行動，因為擔心說錯話或必須承擔職業生涯受阻的風險，這顯示：我們**全都**感受到壓力，因此不敢說出令人不安或爆炸性的事實。這也是為什麼當你思索如何處理這些問題時很可能會僵住，儘管你感覺憤怒在血管裡奔竄；你甚至可能覺得喉嚨緊縮，幾乎無法發聲。這是一個重大訊息，顯示你正在做一件對你至關重要的事。

倘若不分享你的真相，你的力量就會流失，並受到雙重打擊，不僅對冒犯者生氣，也對自己生氣——如果不說出來，你可能會一整天自責不已。

說出真相或許會讓你感到脆弱，然而當你以開放真誠的方式分享，你就能為看似不可能的對話創造空間。當真相被說出而且被承認，體內的緊繃感就會頓時消失，因為身體對真摯產生了共鳴。

當你表現出真誠，你也讓他人有機會表現真誠，進而創造出更深層的連結與合作的良性循環。

Walmart[32] 加拿大公司營運長娜比拉·愛克斯塔巴蘭（Nabeela Ixtabalan）在描

31. 編註：成立於一九六二年，提供與職場女性有關的研究、資訊與建議的非營利組織。
32. 編註：成立於一九六二年，美國的跨國零售企業。

述她某次分享她的強大真相的經歷時完美表現了這點。

她回想，「當時我在從哥本哈根飛往多倫多的班機上，正準備移居到多倫多，開始我在 Walmart 的旅程。當我思考我的第一個百日工作計畫時，我只是一遍又一遍寫下這幾個字：「別再假裝了，別再假裝了。」我一直沒在工作中談論我最近和焦慮或產後抑鬱症的搏鬥，我內在的聲音告訴我要更加真誠、示弱一些。」

當她終於談到自己的真實情況，她說：「反應非常驚人，很多人伸出援手說：『謝謝妳，我也有過同樣的經歷。』」

透過分享她強有力的真相，她成為了一個催化劑，讓她的組織開始更加關注員工的心理健康和福祉，進而帶來實質性的改善。他們在組織內推展同理心領導培訓，她回想，「我們洗刷了以往我們在工作中避談的一些污名事件，無論是心理健康還是種族不平等，或者人們正在經歷的任何創傷。」啟動培訓的六個月後，Walmart 加拿大公司的報告指出，員工的心理安全感提高了28％，該公司還公布了對員工的許多其他正面影響，例如更健康的飲食習慣。

我問娜比拉，是什麼讓她有勇氣如此真誠地分享，她回答，「我問自己，『或許是我相信人們的批判，也或者是我相信他們的同情心，因為每當我邁出脆弱或真實的一步，我便通過了一道門。我看見一道門，那是我認識和不認識的人的批判；

另一道門是我認識和不認識的人的同情心。我選擇相信人們的同情心，就是它讓我度過難關，讓我能夠自信地分享，承擔被評判、被忽視或被污名化的風險。」

當你分享你強大的眞相，它會產生滾雪球效應，創造你認爲必須發生的改變。

回想所有你支持的人，他們會給你勇氣，你不會一個人待在會議室裡、舞臺上，或獨自面對一對一會談。

除了牢記你可以為他人做的好事之外，這裡還有五個指導方針，可以幫助你有意識且堅定地分享你強大的真相。

超越個人傷害、表述集體傷害

你可以將任何情況下的個人傷害，轉化為值得其他人學習的難忘教訓。

這正是紐約州民主黨眾議員奧卡修－科特斯（Alexandria Ocasio-Cortez）二〇二〇年在美國眾議院發表強有力的演說，來回應佛羅里達州一名眾議員公開罵她「臭×子」的言論時所做的。奧卡修－科特斯沒把它當作個人事件，她從「你我之間」的背景抽離，談到導致國會議員做出如此不尊重行為的潛在系統性問題。她表示，她不僅代表她的選區，也代表「這個國家的每一位國會女議員和每一位女性，因為我們全都必須在一生中的某個時刻以某種型態、某種方式、某種樣貌來處理這個問題……這並不新鮮，但問題就在這裡……這是文化問題。這是一種有罪不罰、接受針對婦女的暴力和語言暴力的文化，而這得到整個權力結構的支持。」她還打破了迷思和常見的辯護，說道：「只因為他有妻子或女兒並不代表他尊重女性。」

奧卡修－科特斯私下處理了傷害，然後利用她的公開聲明來陳述集體傷害，提高問題的關注度，如果你對別人的行為感到難過和憤怒，想藉由說出真相來解決它，請使用生理入口的策略來釋放這些情緒。接著按照心理入口的引導，針對你正在處理的情況展開敘事，一旦釐清屬於你的真相，就試著問自己：你的個人傷害反映出的集體問題是什麼？

說出強大的真相就是利用你的力量造福所有人。

科技專業人士巴頓（LeRon Barton）在他的文章〈身為科技界黑人的感受〉（What It's Like to Be a Black Man in Tech）中提到，他說出了關於他和其他黑人同事共同經歷的普遍歧視的有力真相。他在《哈佛商業評論》撰文分享，「當我開始坦白，我發現我不是個體，而是集體的一部分。我為了讓科技界變得更公正所作的努力不單是我個人的事，還和網絡工程師、程式設計師、專案經理以及所有後續的專業人士有關。」透過處理集體傷害，他讓他的強大真相成為文化反思的催化劑。

策略性地表達情緒

你可以善用人們在職場中對情緒表達慣有的不安感，當**你**忠於自己的感受，而且能泰然自若地把它表達出來，你便會吸引聽者注意。只要聲音稍微提高一點，都會讓別人警覺起來，甚至有點擔心你情緒失控，這會促使他人專心聽你說話。

一個鼓舞人心的例子是，環保少女童貝里在二〇一九年聯合國氣候峰會上發表的慷慨激昂的演說，表達了她對應對危機缺乏行動的憤慨。

人們正在受苦，人們正在死去，整個生態系統正在崩潰，我們正處於大規模滅絕的開端，而你們滿口談的只是金錢和永續經濟成長的童話故事，你們好大的膽子！

三十多年來，科學已清楚驗證，當所需的政策和解決方案仍然遙不可及，你們怎敢繼續將目光移開，在這裡說你們已做得夠多了。

你們辜負了我們，但年輕人已逐漸理解你們的背叛，所有未來世代的目光都放在你們身上，如果你們決定令我們失望，我會說：「我們永遠不會原諒你們。」

你也可以在人際互動場景中這麼做，我們在夥伴關係入口提到的IT團隊主管伊麗莎在和該部門高級主管交手時漂亮地做到了這點，這位高管批評她，並說她應該解雇她的團隊。回想一下，我和她利用POWERS溝通法構思了一次和他的建設性對話。來到S（有話就說、說到做到）這一項時，她也分享了她的強大真相。

她說：「我和我的團隊非常努力準備貴部門的預算，而且幫助你們獲得所需的資源，而你竟然說我應該解雇我的團隊。你不認可我們所付出的努力，還批評我的團隊，這很傷人，也很不尊重。我要求你在今後的談話中對我表示尊重。」（根據關係而異，你也可以說「為了繼續支持你的團隊，我需要你對我表示尊重。」最終她針對他的一次公開、過火的不尊重行為提交了報告，三個月後他被調離職位。）

給自己更多自由度，來增強情緒表達的力道，尤其在回應不公正時。請記住，你發聲是為了**大我**的利益，即使只是你和某人之間的私人互動，只要你發言反對虐待並表明要求尊重的立場，你就為創造一個**人人嚮往的世界**作出了貢獻。

對女性來說，能以這種策略性的方式表達情緒尤其重要，因為女性常被貼上「過度情緒化」的標籤，要是她們指責別人的不良行為並表達憤怒，就會被形容為

「咄咄逼人」。這種審查對女性來說根本毫無勝算，而且一直是她們晉升領導職位的障礙，而對黑人和拉丁裔女性的歧視性刻板印象則更為強烈。

如果你在氣頭上說話，而且表達的情緒比你預期的激烈許多，那就要容許自己不那麼「完美」。你有理由因為不尊重和無禮的對待而生氣，而且你不必為此道歉。

消除「過度情緒化」偏見的一個好方法是表現出自我覺察，這包括讓別人了解你是有意識地表達自己的情緒，你可能會說：「我知道我談論這件事的情緒相當激動，**讓我告訴你爲什麼我認爲這很重要……**」或者「**……爲什麼我認爲我們必須賦予這問題高度急迫性和重視……**」。

最好先處理完自己的傷痛情緒再發言，這麼一來，就算你的聲音有點顫抖，也不至於在說話時重溫那份感覺。但你並不見得有時間處理自己的情緒，因此可以想見，即使你努力壓抑，有時你的強大真相也會自然而然地流露出來。沒關係，你不再需要把一些讓你失去主控力的東西藏在心底，要知道，任何有同理心的人，甚至那些對你的懇求無動於衷的人，都會被你的真情流露所感動，因為人類天生會和他人產生情感共鳴。

如果你是和真正關心你且讓你感到安全的人分享，這種情緒的釋放會讓你們更加親近；如果對方拒絕或抨擊你，那麼這人對你來說不再安全，或至少你不能再對他交心。你有各種感受並沒什麼不對，對你的情感表達產生這樣的反應，表示這人無法看到真實的你，或能與真實的你互動。最好接受這點，並保護自己不受此人的傷害，然後找個真正關心你、願意幫你滿足各種需求的人談話。

當你以這種方式向那些你認為可以信任的人敞開心扉，表現出你對真相的強烈情感可以讓對方以更深層的人性看待你，突然間，一些你原本只是試圖暗示或不那麼堅決要求的事，對你來說就可能開始變得緊急，而對方也會需要處理這個新的真相。和他人一起適應新的真相往往會讓彼此的坦誠向上提升，這種坦誠是雙向的，而且會提高你們的連結度。這時，對方眼中的你肯定更接近你自己眼中的你，你對自己強烈感覺的開放態度也會使得對方挑戰自己，真正傾聽你的聲音並作出關懷、體貼的回應。

我的朋友安（Ann）在她的孩子分享了一個強大的真相後，就開始能夠更深刻地了解她的孩子，並提供更多具有同理心的養育方式。安的孩子分享了一次面對學校一位教授的難堪經歷，這名教授在課堂上對性別認同發表了唐突又無知的評論，她的孩子坦言在教授身邊感到不安全，而且在談到這件事時表現出憤怒和失望。她的孩子分享說，他們覺得自己的性別認同是不固定的，超出人們對性別的普遍理解，而且不認同任何一種性別；他們說，在不同時間和不同環境下，他們喜歡被看成男孩或看成女孩，並透過一系列被認為是男性和女性的事物來表現自己；他們還要求安從此稱他們「我的孩子」而不是「我的女兒」。對安來說這是一次眼界大開的經歷，從那時起，她會有意識地透過孩子的眼睛看世界，並支持他們的體驗。

這是一個很好的例子，說明了強大的真相，無論是否擬了稿，都足以發揮重大影響。

你在分享你的強大真相時可以如何策略性地表達情緒？你想在分享你的強大真相時設定什麼樣的調性？是否有一個強大的真相正在你心中醞釀，你可能會脫口而出？你如何有意識地把它說出來？在這裡寫下你的初步想法：

看清全貌、打破讓問題長久存在的迷思

許多人維持現狀並發表無知的言論，因為他們不了解（或選擇不去考慮）你所知道的、令你感到不自在、不安全或憤怒的潛在因素。只因為他們沒看到或順從它，並不代表它不是事實，分享強大的真相可以幫助你將許許多多的事件、情況和個人經歷串連起來，讓其他人也能明白你的視角。

將這些點連接起來以闡明更大的不公正現象，有助於將忽視轉變為覺察。《第一、少數、唯一：有色人種女性如何重新定義美國企業權力》（*The First, the Few, the Only: How Women of Color Can Redefine Power in Corporate America*）一書作者迪帕·普魯索塔曼（Deepa Purushothaman）在《財星》雜誌上發表的一篇關於她稱為「包容性錯覺」（the inclusion delusion）的文章中，將有色人種女性經歷的點點滴滴串連起來。

公司已準備要聘用我們，在團隊照片和慈善晚宴上炫耀我們，並以我們作為他們擁有多元化員工隊伍的明證。然而，他們沒注意到，要我們成為他們文化的一部分有多艱難……

剛就任時，我們以為自己的頭銜與高位將為我們提供創造改變的機會，接著真相顯現了：我們被要求適應現有的文化，而不是推展它……

身為有色人種女性，你們需要我們更甚於我們需要你們的工作。你們需要我們，因為隨著職場變得更加多元，你們需要擁有實力的多元化領導者。

你也可以在家中或親密關係中分享你的強大真相，我的一個朋友終於能告訴她的父親，他對女性的貶抑言論和行為傷害了她。她把他的行為和它對她的影響連結起來，他一直沒察覺到這點。她在他八十九歲時給他寫了一封信，這顯示強大的真相不存在有效期限，你可以隨時藉由分享它受益。以下是經過她同意分享的這封信的摘錄：

老爸……你並**不**像你自以為的那麼言行恰當，而我也承受了它的後果。你一直都是想說什麼就說什麼，口無遮攔，從不考慮你發出了什麼樣的訊息。你讓我知道，女人是供男人利用的一塊肉，這是輕率、自我中心的養育方式，它傷害了你的孩子，尤其是你的女兒們。對男人的不信任影響了我的人生、我的婚姻和我的幸福。

小時候我曾夢想有個溫柔、有愛心、關注我而且尊重女孩／女性的父親。多年來，我為你的行為辯護，對自己說：「沒錯，但老爸全力供養這個家。」但是，供養家庭是基本的，它並不賦予你虐待家人的權利。確實，隨著年齡增長，你變得較有愛心了，但我不想再忍受你的侮辱性言語了。

四個月後，她的父親去世，但由於她和他分享了她的強大真相，她的態度堅定，而且生平第一次能夠和他和平相處。

向父親說出真相也讓她的意見更受生活中其他人的重視，尤其，她也和丈夫分享了自己的真相，說她有時覺得被他視為理所當然，她需要他對她付出更多良好而尊重的關注，少一些喜怒無常和暴躁。他聽出她對兩人關係的誠意，以及她語氣中的堅定，他接受了心理諮商，變得更加投入並覺察到自己對她的行為，兩人恢復之前的正向關係，還共度了夏季旅行——再次體現了分享真相的漣漪效應。

分享強大真相有助於讓冒犯者了解，他們可能在沒意識到的情況下忽視了存在許久的問題，一旦他們意識到，你就可以讓他們對自己的行為負責。

哪些情況、不公正或無能對你造成損害？你如何能簡潔地串連細節並打破一些迷思，讓其他人能和你一樣看清事情全貌？

______

______

______

創造機會去教育並鼓勵夥伴關係

受到不尊重的批評之後，你可以透過將注意力從內在的漩渦移開，來拿回主控力，並把責任重新推回發表侮辱性言論的人身上。這種逆反應會將注意力和責任重新轉移到他們身上，使得他們必須更精確地為自己的情緒性言語或冒犯行為辯護；它突顯了他們自身經歷的不安感，而不是他們對你的模糊或扭曲的看法。

就像合氣道運動，你可以轉化攻擊者的負面能量，更積極地把它導回他們身上。盡量不要羞辱對方，或對方團隊，因為這可能會讓他們變得封閉，不願參與成長性對話，要讓他們**和你一起**揭露真相。

你不需要字斟句酌，事實上，最好的回應就是本著求真精神回覆，並提出中性的問題。你可以帶著真心的好奇問：「你這是什麼意思？」或者只是堅定你的力量，看著對方的眼睛問：「你是這個意思嗎？」

以下是今年我為醫護領域的女性提供指導的幾個例子，說明即使他人作出無知或帶有偏見的評論，你也能掌控全局。一位女醫生對一個向她作出「情緒化」的刻板印象指控的醫生說出了真相。她打斷他的話，明確表示：「**當我清楚地說話，就表示我並不情緒化**。我希望你認識到，你這麼說可能是因為我是黑人，而且是女性，請你反省一下。」他當場道歉，隨後並透過 email 向她正式致歉，之後他不曾再發表任何類似的貶抑言論。

另一位醫生則是和同事開會，審查他們團隊的應徵者，其中一名男性成員針對一位女性應徵者作出評論，說她是「省話姐」（direct communicator），這是一種認為她太直白的、不怎麼委婉的說法。我建議她不必指出他發言不當，而是問他：「我認為這字眼對不同的人有不同含意，對你而言是什麼意思呢？你認為她的直白會如何影響她作為醫生和主管的效率？」現在他有責任為自己辯解了。

當我們突顯不恰當的言論，發言者往往會說他們沒意識到或否認自己行為的負面影響，為了教育他們，你可以使用「意圖 vs 影響」的語言。你可以幫助他們了解，即使他們無意出言傷人，卻產生了有害影響；你也可以說：「有時候說者無意，聽者有心，讓我告訴你我如何看你剛才說的話……」分享你聽到他們的評論後的真實感受。

你扮演著情境管理人的角色，透過讓人們意識到自己的語言或行為的不妥，來幫助實現一些更大的利益。這也需要勇氣，所以，就從滋補的深呼吸開始吧！劇情預告——達成之後你一定會深感自豪！

接下來你可以提出更好的方法，這顯示你想和他們一起解決問題，而且你給了他們機會來接納這種可能性。例如，在「省話姐」評語的情況下，你可以分享：「如果你是對她的行為提出顧慮，而且客觀呈現它對她作為一名醫生的影響，我的感覺或許會有所不同；或者，如果你保證對其他我們面談過的、有類似行為的醫生也一視同仁。」透過這種方法，你也許是在邀請那些冒犯者進行建設性對話，而且你可能會催化他們的觀點和行為發生重大變化。

你也可以分享你的強大真相，來告知他人你想要或需要什麼，創造繼續向前所需的清晰度。在這種情況下，最好以中性的方式分享你的真相，提供他人關於你想要什麼的訊息，以了解他們是否也想要，然後你就會知道你們是否合拍。用這種方式來分享自己的真相，會比直接讓人覺得「做自己」、「追求自己想要的」是錯的要好得多。

對建築師莉亞（Leah）來說，當她向公司高管尋求資源和更高階的職位時，這方法令她如釋重負。她談話的大意是，「這是我想得到的結果……這是我為了獲得成功，在頭銜、支持和資源方面的需求。」她參加會議時所抱持的想法是，如果他們像她預期的那樣說**不**，那麼顯然他們的願景和她不同，該是她離開的時候。正如她所說，「這次談話給了我極大的自由和信心，因為我覺得被拒絕不會成為對我的評判。我的態度是：我給你們一個機會，如果你們決定不接受，那麼這跟我無關，而且會讓這場談話更容易進行。」P. S.由於她是用他們的WIIFT來呈現，她所要求的事項他們自然也都答應了。

重新定義言語，讓它傷害不了你

如果你不持負面態度看待別人的言語或行為，他們就無法用言語傷害你，**你**可以選擇如何定義話語，那麼無論如何你都會贏。眾議員奧卡修－科特斯接納了針對她的貶抑之詞，然後帶著自豪和奇想使用了它。在那一週快過去的時候，她在推特寫下：「可是呢，『婊子』很會辦事。」我建議女醫生這麼說：「我當了一輩子『省話姐』，我認為正是這點讓我取得了成功！」或者「我一直是個省話姐，我認為這有助於我指出作為省話姐所存在的性別偏見」（結案！）

幽默可以是溝通嚴肅問題的有效方式，以一種顯示你主控力十足的方式（儘管有人試圖削弱你的力量）將問題公開化。一位在律師事務所擔任高級合夥人的朋友告訴我，有一次她和兩名男同事正進行重要的走廊談話，他們突然停下，一起走向男盥洗室。她知道他們會在她不在場的情況下繼續談話，於是對他們說：「你們想在這裡作出最後決定，還是想讓我和你們一起進去結束談話？」

如果適合你的個性，你可以施展一下毒舌，舉個例，如果有人說我在決策會議上太「情緒化」，我可能會反擊：「天哪，你說得太對了！每次提起這事而我們又沒有作出決定，我都會變得越來越情緒化。感謝你看出我有多惱怒，因為我們開了五次會仍無法決定。」（順便眨眨眼緩解一下情緒）盡情享受樂趣吧！

在職場或家庭生活中，有哪些常見情況是你可以預先準備這些回應範本來因應的？這些強大真相的陳述中有哪些能引起你的共鳴？你想對誰說這些話，以創造一個更有心理安全感的環境？

總之，當你被動反應，你的力量就會流失，並偏離你原該發揮的影響力。**當你分享你的強大眞相，你會讓每個相關者「提高振動頻率」**。

主控力實務：強大的眞相

1. 你的真相就是**你的眞心話**，**珍視自己的發言權**，問自己：你有什麼強大的真相需要說，但還沒說的？

2. 當你準備好公開分享並試著創造改變，就要超越個人的傷害，表達集體的傷害。

3. 你可以策略性地表達情緒來吸引他人注意，並促使他們採取行動。在分享你的真相之前先釋放你的傷痛情緒，如此一來，儘管你說話時充滿激情，卻不必重溫那感覺。如果真實情緒湧上，就允許自己表達出來，因為人類會和真誠起共鳴。

4. 串連所有情節，來幫助那些可能不同意你的觀點或站在你的角度思考的人，了解你的真相的潛在原因。

5. 利用機會進行教育並建立夥伴關係，好讓他人了解他們的言行如何影響你和其他人。問一個中性問題，把他們的言語／行為的意圖和影響區分開來，或者根據他們的話改寫腳本。只要是發自內心，不妨運用幽默來保有你的主控力！你做得到！

CHAPTER

13

人：從孤單到壯大

「我愛，但我不十分確定如何被愛：如何讓別人看到、了解我這個渾身缺點的女人？這需要承認自己並不完美，不過，也許我終究是值得愛的。」

——《壞女權主義者》（*Bad Feminist*）作者／羅珊・蓋伊（Roxane Gay）

「有問題的不光是我，太令人欣慰了。」我在和許多客戶的初次談話中聽到這句話，知道別人也有過同樣的待遇而且感到困惑或忍無可忍，能讓我們認識到這不只是我們自己的問題。

你需要一些可以使用的可靠策略，以便重拾主控力，在自己心中形成家的感覺，但其他人可以發揮重要的附加作用，帶你回到那裡並幫助你留在那裡。有時候，我們和自己的內在資源嚴重脫節，以致**需要**外在支援來讓我們回歸自我，一旦你和自己建立了連結基礎，那麼其他人的支持、智慧和愛，就是你的「自立自強聖代」上的美味櫻桃。

在「人」的入口中，你將學到許多藉由外力重新和自己建立連結的方法，人們會指出你的一些連你自己都不認可的面向，創造一個讓彼此得到提升的向上螺旋。

人類是高度社會化的動物，渴望尋求歸屬感並生活在具有共同目標的社區中。因此，人可以成為我們無力感問題的根源和解方。要特別留心那些你信任的人，向他們傾訴心事，尋求看法和支持。

以下是幾點要謹記的注意事項。

讓自己被一些能反映當前的強大的你，而不會對你抱著過時理解的人包圍，這種脫節現象在家人或老友當中很常見，你已變得力量強大，他們卻還沒有——你必須變成鐵氟龍[33]來適應他們對你的局限性看法，不然就設定界限，儘量減少和他們的接觸。同樣地，一些工作上的朋友可能只看到你的一小部分，所以你要特別留意從和他們的互動中吸收了什麼，並採取積極措施，避免和一些失去主控力的人進行

33. 編註：Teflon，學名「聚四氟乙烯」（Polytetrafluoroethylene，PTFE），俗稱「塑膠王」，台灣民間一般譯為鐵氟龍，這種材料具有耐腐蝕性、耐高低溫性、耐大氣老化性、絕緣性、不燃性、自潤滑性、表面不黏性等特點。

長時間互動。

失去主控力時，我們會有強烈衝動想要遠離他人，或假裝沒事。這是一種本能，我們甚至可能沒察覺自己孤立或躲藏得有多厲害。然後我們把人推開，使得自己無法獲得信賴的朋友和家人所能提供的情感氧氣，以及經歷過類似困境的同事的意見。

擁有主控力的人可以成為你的榜樣，讓你更能游刃有餘地行動，這是由於我們腦中的鏡像神經元[34]使我們能夠對自己目睹的他人所經歷的事產生模擬體驗。如果我看到你帶著主控力行事，我的鏡像神經元就會爆發，促使我同樣感受到那股激勵。

要提防你的本能反應是去找別人發洩，而沒意識到你找他們主要是為了驗證情況中的其他參與者有多麼錯誤。聽別人表達同理心或有用的見解，可能是你重獲主控力所需的快速啟動，然而，如果光尋求同情和談論它而不採取任何行動一直是你的首選策略，那麼現在你該知道了，這會讓你失去主控力。而且這會讓你的力量供應鏈始終得仰賴他人，該拋棄這種模式了！

我們天生能夠共同調節

和他人連結可以幫助我們調節自己的情緒狀態，要找能幫助你啟動安全和合群狀態的人。值得信賴且擁有內在寧靜的人可以成為你的避風港，幫助你免受情緒風暴的影響，人類與生俱來的能力就是在能量層次上和他人產生共鳴，這人可以供給你寧靜。

有些人可能會發現這特別有益，因為我們的生活經歷使我們更難以調節自己的內在風暴，如果你年幼時沒有從看護者那裡得到可靠的情緒調節，可能就會出現這種情況。我們年幼時的神經系統是混亂的，主要透過和他人的互動來調整，當我們發出痛苦的信號例如哭泣，如果看護者用鎮定的聲音說話，抱起我們輕輕搖晃，或者撫摩我們的手腳，我們就會平靜下來。從這種外在調節中，我們逐漸學會如何安撫自己，發展關於讓自己平靜的「肌肉記憶」，但如果你沒有持續從看護者那裡接收到情緒調節，你的身體可能會更常陷入情緒混亂或者在其中停留較長時間，而且

34. 編註：mirror neuron，動物在執行或是觀察到其他個體動作時，大腦中有某些神經元的活性會增加，在腦中模仿、重現該動作或情緒，使動物產生感同身受的認知，這些神經元被稱為鏡像神經元。

無法發展出可靠的自我安撫的肌肉記憶。

當你真的對某事感到心煩，你可能需要有人來幫助你承受你（或任何人）難以負荷的感覺，尤其當你的情緒被觸發，未處於觸發狀態的人可以真的（或透過數位方式）將你抱在懷裡，親眼看著你，當場幫助你了解這種感覺的「另一面」；如果你真的很難過，經常和了解情況的人聊聊可以幫助你度過強烈情緒的孤獨感。當發生使我們集體陷入無力感的創傷性事件時，聯合眾人會為我們帶來團結和力量，讓我們能克服情緒，並透過戰略性嘗試去運用力量，重新振作。

即使實際上沒有和這些人在一起，我們仍然可以因為彼此的信任關係來調節我們的情緒。我們會創造關心對象的「心理表徵」[35]，在腦海中想像他們平靜的聲音和溫暖的擁抱。如果你的內在批判讓你失去力量，你可以在腦中形成某人的溫柔嗓音。他們會對你說些什麼，他們會針對情況提供什麼睿智的話語？你也可以使用你和摯愛（孩子、配偶、寵物）交談的聲音來對自己說話。

我們也會經歷「情緒感染」[36]——也因此你需要保護自己免受那些負面和喜歡八卦的人的影響，不過這也有可利用的積極面。事實上，正如心理學者亞當・格蘭特（Adam Grant）在《紐約時報》上寫的，「我們會在集體興奮的時刻找到極大的幸福……人們為了一個共同目標聚集在一起時而感受到活力與和諧感。」

我們的身體也經過設計，每當和令我們感覺安全的人進行身體接觸便可產生強大的撫慰效果，並讓我們釋放愛情荷爾蒙催產素。六秒的親吻、二十秒的擁抱或牽手已被證明可以鎮定我們的神經系統，增強我們的幸福感，愛的關注和撫觸傳達出你的歸屬感、你很安全、你很重要。

人們能幫助我們療癒我們自己無法療癒的感受，這種機會在我們感到羞恥時尤其重要。羞恥感會讓我們避免和他人連結，因為它讓我們感覺自己不值得與人往來或被愛，並推測：如果別人真正了解我們，就不會接受我們了。

即使只是一次心中帶著羞愧和值得信賴的人進行坦白的互動，都極具復原效果，如同布芮妮·布朗的教導，「羞恥感一旦被說出來並獲得理解，就再也無法繼續存在」。一旦你了解其他人也感受到你的感受，而且你不認為**他們**的缺陷並非無可救藥，你的自我批判就會消失。

把找到可以信賴並願意坦誠以對的人當成你的一個目標，讓自己能蒙受他們的同理心的影響（並進而影響其他人）。

35. 編註：mental representation，長期儲存於腦中的知識，例如過去所經驗的記憶、朋友的容貌、親人的味道……等等。
36. 編註：emotional contagion，指人的情緒會在有意識或無意識的情況下受別人的情緒所誘導。

如果你清楚知道在脆弱的時刻什麼對你確實有幫助，那麼把這個訊息告知他人將會增加你獲得幫助的機會（而不是在難過時求助於某人，然後因為他們的反應令人失望而生氣）。例如，要求你的配偶：「好好聽我說，我會非常感激。」或「我現在特別怕痛，所以我會感謝你反應輕一點。」

別人是我們的鏡子

你信賴的知心好友幫助你保持主控力的另一種方式是：向你映照出你自己。也許你沒有經常鼓勵自己，但別人也許會看到存在你身上、你或許已淡忘了的美好、善良和能力。親人、合作夥伴、信賴的同事和導師會讓我們看到自己的各個面向，以及一些我們忽略的、或從未欣賞過、或需要去了解的貢獻。人們會在你幾乎要放棄，或者太在意別人的行為而忘記自己的目標時，仍然支持你的願景。此外，當別人認為你比你自以為的更有能力，他們的期望會激勵你去推動自己，然後表現得比你預期的更好。

許多人都學會擔心自己沒有處在最佳狀態，那些了解你的人不會透過你的自我批判視角來看待你，而是將你視為搖滾明星，以這種方式被看見和接受可以幫助你擔起自己那些不討喜的部分，而不會試圖隱藏它們。當你經歷這種「去羞恥化」（de-shaming），你就不再會用自我批判讓自己脫離主控力，而是以一種新的勇氣行走於世上，從此沒人支配得了你。

說得更精準一些，問題的關鍵不是「人」，而是你從人那裡接收的東西，這是關於你的「部分」可以從「他們的部分」吸收些什麼。我敢說，現在你的家庭和職場中一定有人看到你的才華和優點；我敢說他們一定對你說過，你表現得很好（！），但你可能不屑一顧。你必須擁有主控力才能留住他們對你的印象；你可能一直忙於責怪別人，責備自己，以致**你還沒有建立起一個地方，可以讓他們把愛的便利貼放在你身上**。

別浪費你應得的愛和你贏來的尊重——這就像拔掉你面前的氧氣罐的插頭。此外也要考慮這點：當你和那些關心你的人隔離或向他們隱瞞你的痛苦和困惑時，你就剝奪了**他們**表達關愛、分享觀點，然後來幫助你的機會。

要能得到別人的認可並讓它滋養你的主控力，坐下來聽聽他們對你的成就和優良素質的感想，並留意他們的肯定話語落在你身體的哪個部分？一旦你在身體中獲得了這種關於自己的體驗，你就可以隨時、一遍又一遍地回想它，並試著在運用地平點的時候加入這種感覺。你也可以問他們，是你的哪一點讓他們這麼說，以便為他們的話語添加一些細節，並了解自己有哪些令人欣賞的地方。

記住，你不喜歡的那些部分，是你把從他人那裡聽來的、或者你告訴自己的說法（為了得到別人的情感和物質支持）加以內化的結果。現在，你可以根據自己的想法，決定自己想成為誰，並按照自己的新人生故事來過生活，你不妨從瑪麗·奧利佛（Mary Oliver）[37]這首《野雁》（Wild Geese）的摘錄中汲取靈感：

你不必做好人
你不必在沙漠中跪行百哩懺悔
你只需讓身體這頭溫柔野獸
愛其所愛

同樣地，要記住，別人只能向你反映出他們本身所能了解的東西。如果某人對憤怒感到不舒服，他們就會遠離自己的憤怒，並壓制你的憤怒；如果一個密友或愛侶不喜歡感覺脆弱，他們會因為你有健全的脆弱性而迴避或攻擊你；而如果你還未建立自己的主控力工具包，你可能會把他人的行為看得很有針對性。準備好這個替代故事：「別人只能像他們對自己那樣重視我／愛我／支持我」，這樣你就不會陷入頭條故事中。

無論他們接受或反映你的哪些面向，你都要能夠了解你是誰的真相，要能夠接受自己的全部——「你的情緒鋼琴上的全八十八鍵」。知道「你曾經是誰，以及你將成為誰」，這樣可以減輕他人的壓力，讓他們不必再從我們身上看見我們自己看不到的部分。

群體的力量

去參加擁有共同經歷的人所組成的社團，或許是表達、接受認可的終極方式——相當於許多鏡子集結起來的反射力量。這可能是和你有著共同職業、社會認同或個人生活經歷者所組成的社團，例如員工資源團體、女性創業座談，或缺乏系統支持的倖存者團體，這些社團成員有著共同的理解基礎——他們理解你們的共同煩惱，能從相似的文化經歷中獲得安慰，並共享讓世界回歸應有樣貌的意向。

37. 編註：一九三五～二〇一九，美國詩人，曾榮獲「普立茲獎」和「美國國家圖書獎」。

對於因種族、性別、國籍、性取向和身分認同、宗教、身體缺陷——社會用來「其他化」（other）人們的任何方面——而遭受社會誹謗和不尊重的人來說，聚集在一個社團中提供了一個受保護的地方來分享傷痛，也提供了表達受到壓制的憤怒和悲傷的機會。其他人的特殊言語可以幫助你更全面地理解自己的經歷，這些群體提供了讓你分享強大真相的安全談話場合。

團結讓你有勇氣參與共同的正義搏鬥，我們尤其看到，女性在產業協會和女性領導力網絡中聯手創建社團的蓬勃發展，例如開創性組織「Chief」，她們齊心協力打破性別歧視的傳統，聯手為其他女性提供晉升的階梯。

我體驗過這些團體所提供的療癒和啟發，無論是和我的朋友，還是在由教練和企業家組成的混合性別團體中，尤其是在芮吉娜．托馬斯豪爾培育的姊妹團體中，這種意向明確的社團提供了一個讓人可以摘掉面具、以真面目示人的安全空間。

這種安全性和連結至關重要，但我們也希望有意識地互相提升，而不是削弱彼此的力量。例如，作為女性，我們傳統上會因為一些自己遭到排斥或受虐的故事而彼此連結在一起，因為我們對一種在女性之間造成匱乏和假競爭的文化作出了反應。當我們遇到一個愛自己的成功女性，我們可能會感覺受到威脅並評判她，或質疑「她以為她是誰？」這麼做時，我們會不知不覺開始自我設限，讓分裂延續下去。該是我們發揮主控力的時候了！

我們必須學習如何運用主控力建立連結，互相讚賞；我們要自然而然互相讚揚、壯大和反思。如果有人覺得難過，請表現同理心，給她空間表達情緒，直到她「完成壓力循環」，當她準備好時，提醒她檢視一下恢復主控力的方法。分享你所看到的她的各項優點，直到她開始透過自己的眼睛看見它們，讓我們支持彼此的充分表達，以便超越當下的困境，創造新的現實。

由於我親眼目睹過群體的上升螺旋，我在所有我的領導力發展小組中利用這股力量，我會在每一次課程開始時讓大家輪流吹噓，要求每個學員分享某種勝利，無論是在工作或個人生活中。在別人面前描述這些經歷讓他們可以將成就攬在身上，但是對我指導的許多人來說，這麼做違背了他們的天性。這個練習為你提供了一面鏡子，讓你看到自己的真正價值，並讓你開始學習欣賞全部的自己，它也會激勵小組的其他人效法他們的勝利。（照例會有人在接下來的指導課程中說，他們受到某人「吹牛」的啟發，於是立馬掛斷電話，然後做了同樣的事！）

我因為我的群體而得到了擴展，例如在觀眾面前演講對我來說是一種榮幸，所以我不認為出色的演講是讚賞自己的理由，即使在演講結束後，面對一大群人熱情分享他們的精采心得，我可能也只會在內心輕輕拍一下背來「攬功」。

這是因為，和多數人一樣，我受到我們文化的制約，只能維持、分享限縮版的自己，以免讓別人感到不安或顯得自誇，可是這麼一來我無法充分體驗我的力量。我相信你也曾為了一個成功的案子努力工作，然後對讚美不屑一顧，或者匆匆接受。我們內在的「好耶！」在哪裡？我們付出的努力可以在哪裡得到補給，以防止倦怠？我們如何能學會真正享受自己的力量，同時又不必擔心讓別人覺得不如你？

加入一個團體吧！在安穩的姊妹團中，我們反映了彼此的真相，在那裡我可以和姊妹們分享關於我的演講心情：「當時我真的聊開了！」就像五彩紙花，簡訊聊天的表情符號對我的讚美**比我自己的多上一百倍**。這種放大作用擴展了我對自己能力的認知，提醒我要樂在其中：「對啊，我就是這麼棒！」這可把我的「權力套裝」撐得更大了！當我，或你，處於這種狀態時，我們的存在感就會產生迴響，我能為你提供成長空間，而那是我失去主控力時無法做到的。

事實上，這世界需要我處於這種狀態，你也一樣！我們需要將這種生命力反射給彼此，並接受彼此的給予——它能為給予者和接受者注入活力。我們可以透過永無休止的良性循環，來抵消這世界對我們的束縛，讓彼此保持主控力。

互相批判或嫉妒都是基於稀缺性和無力感，如同《多元女性》（*Diversity Woman*）雜誌和活動創辦人、人際連結專家希拉．羅賓遜（Sheila Robinson）的睿智說法：「記住你是社團的一分子，如果你用一手收受，就用另一手給予。」我們需要天天讚賞彼此的光彩，並且壯大彼此。

他人的回饋讓你發現自己的盲點

別人的意見可以作為事實檢查，幫助你克服種種扭曲，更準確地看待自己和情況。一聽到你關於累人的工作或個人情況的故事，教練或朋友可能會告訴你，你需要立即設定界限！他們的清晰度可以讓你恢復理智，並激勵你迅速採取行動；或者他們對情節的理解可能和你全然不同，提醒你還有其他替代故事可以用來看清事情的全貌；他們對事情的觀點可能有助於你想出處理情況的新點子。

意見回饋是一種重要機制，可以讓我們更加了解自己，甚至了解我們在導致或延續無力感狀態中可能扮演的角色。《聰明成長》（*Smart Growth*）一書作者惠特妮．蕎生（Whitney Johnson）的研究顯示，為了讓人發揮最佳狀態，他需要知道什麼有效、什麼無效。我們希望實現正向對負面 4：1 的最佳化比率，「人就在這種平衡中蓬勃發展，」她寫道，「和可信的他人給的建設性批評取得平衡的正向意見回饋，尤其當它得到不止一個人的證實時，可以幫助你進入最佳狀態。」當你握有主控力時，你可以檢查意見回饋者有沒有考慮你的最大利益，並客觀地接受建設性的意見，而不會陷入自己的頭條故事，因此兩者都要去請益。

尋找能激發你力量的人

在一個無限的世界中，每個人都受限於自己的經驗，別人的經驗可以讓你看見關於你自己、以及你可能想都沒想過的提升他人的可能性。透過他人，你可以獲得訊息、獲得資源、接觸新的想法和機會，人們會向你提起各種機會並進一步引介——所有這些都會給你帶來一種豐足感，讓你擁有力量。

你可以從那些擁有超出你經驗與成就的人身上得到啟發，讓他們幫助你設定全新的標準。透過教練的指導，你可以從他們那裡得到如何達成目標的藍圖，你也因此更容易達成目標。

去尋找這樣的楷模，他們將幫助你連結上自己的宏大願景，讓你可以去追求，也幫助他人去追求。我的一位導師，高管教練領域先驅馬歇爾．葛史密斯（Marshall

Goldsmith）啟發了我，讓我了解人可以透過慷慨寬容產生更大影響。在愛瑟・波賽爾（Ayse Birsel）舉辦的「設計你的人生」研討會上，有人問他從榜樣身上學到了什麼，這個提示激發葛史密斯產生一個構想：向一群頂級教練傳授他所知道的一切——免費——只要他們願意把它傳承下去。他在LinkedIn網站發出邀請，心想也許可以從十五人開始，但他收到一萬八千多份申請，並從中挑選了一百人。由此誕生了「葛史密斯百大企業教練」（ＭＧ１００），一個由全球頂尖領導者、思想家和教練組成的、訴求慷慨和共同使命的社團，該社團在世界各地推動合作、相互學習增長和知識慈善事業，能成為它的一員令我深感榮幸。

他幫助他人增強力量，除了慷慨之外沒有其他目的。如今，他得以結識全球各地有著共同使命的人們，並擴大了他的傳承的影響範圍。現在，我受到啟發，要組建自己的強大變革推動者「ＳＭ１００」！

尋找導師、贊助者與盟友

導師可以擴大你對組織或整個產業的視野，例如幫助你了解組織的權術以及如何克服潛在陷阱，並提醒你產業中的新興機會，甚至提供你利用它們的途徑。

正如夏琳．李（Charlene Li）在我的 Podcast「權力轉移」頻道中敘述的：「記得我大學剛畢業，以顧問身分進入企業界的第一份工作，我的上司把我拉到一邊，說『妳在會議上太安靜了，妳必須說出妳的想法，我不管其他人是五十或六十歲，如果妳認為有問題，就有責任說出來。』因此，他在我職業生涯初期就向我灌輸了發言和主體意識。我在底特律長大，是附近唯一的有色人種，因此我從小就和朋友們一起成為課堂上的破壞性力量。我用他的鼓勵話語提醒自己要堅持立場，成為房間裡的『唯一』。」

贊助者是指「會運用其社會和政治資本來支持你進步的人」，這是獲得更高層次機會的最有效方法之一，尤其如果你沒有建立起高級決策者的人際關係或相關網絡的話。

耶米．泰南（Jhaymee Tynan）是億康先達（Egon Zehnder）[38]管理諮詢公司的顧問，負責的領域是健康服務、公共和社會部門，以及多元共融實務，她是一個說明重要指導和贊助可以幫助我們拓展力量的絕佳例子。她在之前的職務中受到公司某人的欺凌，那人感受到她所取得的成功的威脅，而且，她回想，「試圖打壓我內在不斷滋長的力量。」但是一位高級主管看出她作為醫療保健策劃人的潛力，給了她加入她團隊的機會，並負責一項讓組織走上未來發展道路且備受關注的方案。

這位導師告訴耶米：「我認為妳有潛力成為公司的高管，我真的很想看到妳擔任這職位，我認為妳可以接下這個方案並推動它，我會挺妳。」耶米說：「她給了我勇氣，讓我作為黑人女性，能在一個以白人為主的組織中感到自在。」六個月後，耶米被晉升為高管職位，如今她把這份善意傳遞出去，創辦了100 x 2030™倡議[39]，資助有色人種女性領導者。

你可以要求某人成為你的贊助者，但首先要認真思考的是：確保對方層級夠高，並擁有可以幫助你的人脈和知名度。有時你已經和對方建立了非正式關係，例如曾和他們合作過方案，倘若如此，你可以詢問他們是否願意讓你們的關係正式成為贊助關係。和對方商談時，幫助他們理解你提出要求的背景；說明你想作出的貢獻，好讓他們受到鼓舞而來幫助你；分享你選擇他們的原因——他們的企業手法或角色，有哪些地方讓你相信他們是支持你的合適人選。

尋找贊助者時，最好選擇可以和你建立雙向關係的人，以便你可以為他們帶來

38. 編註：成立於一九六四年，瑞士的一家管理諮詢和獵才顧問公司。
39. 編註：一項全球職業倡議，致力於增加有色婦女的醫療保健贊助。

價值並彰顯他們提拔你這位巨星的榮耀。務必給對方臺階下：「如果時機不對或不合適，我很想聽聽你的意見，在我對別人提出要求時有什麼可以加強的地方。」贊助者也可能是你服務的鐵粉，或者為你推介業務的有力人士。

也要尋找盟友，盟友是那些能夠實現你想達成的變革、並支持你的志業的同事。他們可以幫助你以不同於你自己的方式進行搏鬥；他們可以利用自己的職權來幫助整合組織的資源；他們可以提升討論的水平，並和其他人交談，那些人可能會基於共通性而聆聽他們說話，不像你現在沒人聆聽。你可以拉攏人們成為盟友，方法是在個人層面上認識他們，讓他們更具體地了解你的經歷，而不只是透過他們本身的先入之見；接受他們的努力，給予他們去了解的善意。

還要留個特殊的位子給教練和／或治療師，他們可以深入了解你，並支持你實現你的人生目的和目標。你會希望生活中有個讓你感到真正安心和能夠起共鳴的人，他們的鼓勵至關重要，但也要確保你從這個人物那裡得到的不單是鼓勵，也包括力量的壯大，以及你可以付諸行動的具體方法。

現在你已了解人們可以支持你發揮自己的力量並利用它，你可能會想製做一張個人生活、社交生活和職業網絡中的人脈圖。仔細想想目前每個人如何幫助你發揮主控力，以及有些什麼機會可以得到更多幫助：如何深化既有的人際關係？如何擴大生活中的人脈，來讓自己得到拓展和反映？你如何組建一個群組或提升你所在的群組？

我們已探索了許多將「權力」概念擴展到傳統定義之外的入口，現在讓我們進入最後一個入口，它將教你使用位子上的權力。

主控力實務：人

1. 繪製一張你的個人生活、社交生活和職業網絡中的人脈圖，思考目前每個人如何幫助你發揮主控力並運用你的力量，以及哪裡有機會可以深化安全的人際連結？
2. 當你感到羞恥，人們可以幫助你進入平靜狀態，並創造一個可以療癒你的安全空間。誰是你生活中的鎮靜力量，而且你可以和他分享自己的脆弱？
3. 人們可以映照出你自己看不到的面向，可信賴的群體會放大你的卓越之處。開始建立一個群組（和密友、家人、同學、身分認同團體、專業社團、讀書會、健身夥伴等），如果你連一個都沒有，你可以如何開始和一、兩個人建立友誼，並把它變成一個群組？
4. 尋找能拓展你的想像力、擴大你的人際網絡，並激勵你產生更大影響力的榜樣。
5. 找到一位能支持你開展職業生涯的贊助者，使用本入口中的腳本來與你中意的人選接觸，問對方是否願意成為你的贊助者，並把你分內的50%做到最好！

CHAPTER

14

位子：從忽視權力到保有它

「如果我不為自己著想，誰會？如果我只為自己，那我是什麼？如果不是現在，更待何時？」

——猶太教宗教領袖／希勒爾・拉比（Rabbi Hillel）

無論處於什麼位子，你都擁有權力，要充分利用它來享有你所能產生的影響。我們往往認為，我們在位子上擁有的權力是由職務說明中概述的職責，以及我們在組織或團體中的正式位階來定義的。但我們在任何特定位子上所擁有的權力，通常都比我們了解的、和正在利用的還要多。

不只要專注於執行那些分派給你的職務，而要將你自己對「權力的定義」和「創造性運用」帶到任何角色中。在位子入口中，你將了解到你有相當大的自由度來支持和提升他人，無論你在公司或團體中有什麼位子，情況都是如此。

有意識地在位子上運用權力

如果你覺得「權力職位」（position of power）這字眼意味著不公平，這是可以理解的。我們多半都曾遭到上級對我們施加權力，因此我們會認為權力是強制或濫用的。當我們升上比別人更有權威的位子，我們真心不想變成為**那種**人。（然而，領導者只有在「權力在握」而不是「主控力在握」時，才會以這種方式行事。）

保持留意是件好事，因為研究發現，當人掌握權力時，可能會以多種有害的方式染上「大頭症」。處在位高權重心理狀態的人，通常對他人的不幸會表現出較少的反映和同情心，他們往往更關注刻板印象，而不是把他人視為個體去了解。他們的溝通方式也往往不夠包容，例如，更常打斷別人說話；換句話說，他們追求目標時經常以損害他人作為代價。

將意識帶入你的職位，成為一股向善的力量。作為「掌權者」，你可以為團隊或整個組織建立規範，並在權力行為和方法上樹立榜樣。記住，執行力專家朗．卡魯奇在他的研究中發現，位居高位者最大的權力誤用是：不行使權力！

卡魯奇指出，那些獲得更高職位的人，有時無法充分行使新權力的一個常見原因是：「太惶恐。當你獲得更廣泛的影響力時，你的生活就像在超大屏幕中上演，有時這會導致你擔心讓別人失望或作出無法順利進行的決策。」你的領導職位越高，你影響的人就越多，獲得指導的機會也就越少，反倒是其他人要向**你**尋求指導了。許多我指導的執行長受益於可信賴的諮詢委員會，因為他們感受到權力的孤獨，沒人可以開誠布公討論他們正努力想解決的問題。

專注在你的「爲什麼」

權力是一種神聖的機會和責任，要能夠坦然面對它，並有意識地思考如何運用它。正如獵才主管安妮．戈特（Anne Gotte）在我的 Podcast「權力轉移」頻道中分享的，「你團隊中的人可能會在晚餐桌上和家人談論你，但他們會說些什麼？」

你如何能鬆懈？你記得自己為什麼想擔任這職位，你一直想發號施令，以免失去主控力而現在你有機會在文化中樹立哪些價值觀？不妨好好享受一下，擁有這些資源來大力推動這目標的快意。

花點時間思考如何利用自己的職位來實現願景，以及能授權並提升他人的所有方式。其中有些是你職位的職務說明中清楚規定的權力類型，例如聘用團隊成員、依規定指揮人力、設定基調和戰略、召開會議、讓員工升遷到有發展性的職位，以及分享訊息的權力。但也包括你所選擇的其他形式的權力，你可以透過領導風格把它帶入你的職位，例如成為具有包容力的領導者，因為能讓你將職能發揮到極致的因素，不一定是職務說明中強調的那些。

成功運用權力

在針對升遷到高管職位的專業人士進行的十年研究中，朗．卡魯奇發現了四種最能成功運用權力的領導者行為，無論你處於什麼位階，都可利用它們來最大化你職位的權力。

1. **他們熟悉所有業務**

他們了解組織的各個部分應該怎麼相互配合，才能創造價值並交付成果，他們搭起跨越筒倉[40]的橋梁，從整體而非局部看待事情。

2. **他們是高明的決策者**

他們既表達自己的觀點，也會徵詢他人的意見——提出問題，而不強塞答案。最後他們拍板定案並清楚傳達他們的決策。

3. **他們了解整個產業**

他們對自己的事業背景有深入了解，他們能看出趨勢和新興的可能性，而且他們仰賴普遍被接受的假定。

4. **他們會建立深厚的信賴關係**

他們會和公司上下級和其他部門的人，以及外部的利益相關者建立牢固的連結，他們以始終如一地交付成果而聞名，同時真誠地關懷那些交付成果的人。

40. 編註：Silo，一種用來儲藏散裝物料的設施，在農業和工業領域均有使用。農業筒倉可以用來儲存穀類和飼料；工業筒倉用來儲存煤炭、水泥、食鹽、食糖、碳煙、鋸末等散裝物料。

注意這四種成功手法和擁有主控力的特質有多麼相似——看清大局、建立互惠關係、承擔決策，以及擔任監管人。我想讓你了解，**這就是權力的樣貌**——這些方法你可能已經自然而然想到了。（無論有用與否，在研究中，女性更擅長這些方法，因此如果你是女性，該是採納並運用它的時候了！）

該是我們將權力重新定義爲一種向善力量的時候了，你可以利用你現有的身分以及你既有的權力，來創造你憧憬的世界。

利用你現有但忽略的影響力

我的一位客戶凱西（Kathy）在利用她的職位權力為組織帶來轉型變革時，示範了這些成功手法。她是一家擁有一百五十名員工的工程公司的經營合夥人，在這家全由男性所有的公司中，許多收益最高的人都是女性。事實上，由於她之前提出雇用更多女性工程師的措施，如今50%頂尖工程師是女性，遠高於行業平均水平。但她們持有的股權遠低於50%，大部分股權由公司的兩名男性合夥人持有。如她所說，「真是太扯了！」

她意識到這不僅不公平，對公司的聲譽和人才招聘也是一種負擔。她還注意到職場文化是導致高績效員工流失的一個因素，希望創造一種讓員工感覺獲得支持、能夠茁壯成長的工作環境。就個人而言，她需要看到一些變化，以便肯定自己在公司的角色以及公司對產業的影響。以下是她在九十天當中逐步運用自己的權力的經過：

起初，她覺得能做的不多，儘管她抱有打造一個更公平職場的願景，但她不知該如何實施。當她和執行長分享她的想法，他駁回了這些意見，導致她質疑自己的願景，甚至把他的言論看成具有針對性。「我提出了問題，但沒有任何改變，於是我提高聲量（同樣不起作用）。」

當我們檢討一項戰略性遊說活動，她發現自己的權力如此之大，而她卻忽略了。她從自己職位上的權力著手：「當我真正開始去做，我發現事情動起來了。」夥同她的合作人，行銷主管（也是年幼孩子的母親），她們聘請了一名顧問來進行分析，將當前的公司所有權和過去幾年的女性工程師業務數據進行比較，結果顯示出一種所有權和業績貢獻的不平衡狀態。他們匯集多元共融數據，形成強有力的分析案例。

她開始利用她擁有的人際關係力量，並和其他合夥人召開會議，來加強他們之間的溝通，然後提出細心周到的職場文化和工作流程方法——不是等待批准，而是成為主導改變的人。

她主動設法加深和董事會成員的關係：「我們促成了和主要利害關係人的多次對話，包括願意參與的董事會層級的人。一開始是試探，例如，『你觀察到了什麼？』我們分享了基於事實的理解，並根據董事會的WIIFT構建我們的企劃案，例如提高公司當前的聲譽並增加公司的未來價值。然後我們所尋求的結果變得具體了：接班人計畫是什麼？」

她透過連接所有細節，分享了她的強大真相：「在讓一手開創公司的創辦人保有酬金的同時，我們如何確保公司的成長推手感覺他們和公司的未來休戚相關？因為對我來說，這正是我加入公司的全部原因，否則我會創辦自己的公司。我想持有它並成為它的一部分。」

接著她使用她手上的最大利器，也就是她自己的價值和同事的價值。她花了數年時間和其他合夥人以及她創立的女性人脈網的成員建立了牢固關係，而且她明確表達，如果公司大多數的人無法理解她們提出的這個改變機會，她和她的一群合作夥伴將計畫退出。「基本上我們的態度是，『這就是我們想要打造的，讓我知道它該留在這裡，還是到別的地方！』」

不僅兩位大股東同意削減三成股權，以創造更公平的所有權結構，董事會也對凱西充滿活力和包容性的未來願景留下了深刻印象，決定推舉她為執行長。同樣令她興奮的是，「當女員工們因此受到鼓舞而說的這句話：『謝謝妳在玻璃天花板上打開又一條裂縫！』」

她利用她一向忽視的權力開創了她嚮往的世界，這就是當你運用手上的權力，來提升周遭所有人時的情景！

利用你的主控力

即使你認為自己力量有限，也要仔細思考你擁有的所有權力。首先可以考慮關係權力——組織內有哪些人可以和你一起實現目標？你可以發簡訊或打電話給誰來推動一個方案，或為你引介有能力的人？你的人脈網中有誰可以幫助你了解，為什麼人會有削弱別人權力的行為？你可以引進什麼人來分擔工作壓力？誰欠過你人情？

當你展現你可以為他人的目標增加的價值，或你可以產生的後果時，你也在利用自己的權力。任何職位上都能取得這種能力，不必非成為高階主管也能擁有職位的權力。

瑪莎（Marsha）領導著一家製藥公司的護理師團隊，她認為她的團隊沒有得到應有的尊重，也沒有在患者服務方面得到適當的資訊，她的要求一再被忽視。我們制定策略來尋找她的影響力，一開始照例要問：「我的權力在哪裡？」尋找你和／或你的團隊在哪些方面可以對其他人產生價值。我們認為護理師是和患者互動最多的人，幫助監測他們的症狀，而且在患者決定更新慢性病藥物方面有很大的發言權；我們重新建構了護理師團隊的權力，把它和她們足以影響的收益連結起來。

這次她去找上司，把藥物更新所涉及的收益（他的WIIFT）加以量化，主張護理團隊應該被納入銷售討論中，而不光是參與涉及患者護理的討論。她的上司同意了，她的意見變得極有價值，還應邀參加一系列跨部門會議，探索公司提高護理師貢獻的其他方式。她利用自己的權力贏得了團隊的尊重，並在過程中擴大了自己的影響力。

你也可以在影響某人採取行動時發揮力量，因為他們的行為有執行機制或後果。除了職位，你的權力還包括你擁有的任何合約或法律影響力，無論是關於客戶、事業夥伴、工作或租屋。對財務顧問瑪麗（Mary）來說，一個重要影響力是「重新審視最初的合作協議」，徵求律師意見之後讓她更有信心，因為他們的合約明文規定了同工同酬，但並未得到執行。

當和客戶、轉包商和團隊成員發生矛盾時，企業主常會陷入權力困境。你擁有相當大的權力可以預先協商各種合約的條款，包括如何解決爭議，並且充當讓每個人發揮力量以實現更大利益的總管。

爲你的團隊創造氣候

身為領導者，你利用職位所能做的最好的一件事就是，在團隊中創造**心理安全感**（psychological safety），這是影響團隊績效的最大因素。哈佛大學教授艾米・埃德蒙森（Amy Edmonson）創造了這個用語，意思是「一種人在團隊中不會因為直言不諱而遭到難堪、排斥或懲罰的自信感……一種以人際信任和相互尊重為特徵，讓人能夠安心做自己的團隊氛圍。」這讓團隊成員能無畏地暢所欲言（或許還能提供你進步所需的意見回饋）。

如何培養心理安全感？埃德蒙森提供了三個指導方針。首先，要傳達，犯錯是一個從所有錯誤中學習的機會；其次，透過承認自己也會犯錯來樹立榜樣；第三，經常真誠地向你的團隊提問，不單是關於他們的工作進展，還有他們的幸福感以及對團隊的改進建議。要覺察並不斷挑戰個人和組織的各種偏見，並積極去了解、同理那些有其他觀點和經歷的人。如果你曾經處在較低的權力位置，你可能擁有較強的、對他人的同理心，這是你可以用來獲得心理安全感的資產。

身為領導者，你可以為團隊創造一種氛圍，你無法獨自完成這件事，但你可以定下基調，例如你可以決定讓人們團結起來的座右銘。對於快速發展的抵押貸款經紀人團隊的負責人傑琪·法蘭克（Jackie Frank）來說，她的座右銘是「順風順水的卓越」，每個人都能理解也都想要。作為領導者，你不僅要分享你對團隊的願景，還可以分享用來評估每個人的指標；對她來說，重要的不只是完成貸款，還有客戶滿意度評估——她的聲譽就建立在讓客戶滿意的基礎上。她和她的團隊分享她的主張、為何這對她很重要，並問他們為何這對他們很重要，例如她會分享客戶的感謝信來具體化這個指標。當你分享你的願景和內心想法，你的團隊也會關心它，你不會為了試圖讓大家追隨你而弄得疲憊不堪，他們會很**樂意**。

如果你的手段細心而恭敬，而且使用夥伴關係入口中的策略，在自己的50％範圍內做到無懈可擊，而你的團隊中仍然有人不符合你正在創建的文化，這時你可以利用自己職位的權力，邀請他們留下來並成為文化的一部分，或者選擇不成為它的一部分，當你提出你可以支持的各種選擇而且不執著於結果，你就擁有了主控力。

你如何成為恆溫器，並為你的團隊文化定下基調？你可以從今天開始採取哪些措施，來確保或增強團隊的心理安全？

壯大他人就是壯大自己

暢銷書《聰明成長》作者惠特妮・蕾生說：「人類最大的渴望之一就是成長。」增強他人的權力對他們有益，對你也有益，「當你幫助別人成長，你是在對他們說：『我看到你了。』如果你創造條件讓他人能滿足自己成長的渴望，你就給了他們所需的力量，它是人們是否會留在你身邊的一種預告。」

增強他人的權力聽來或許不錯，但若要實際去做，我們還是現實一點，這不是放棄自己擁有的權力嗎？顛覆專家、暢銷書《顛覆思維》（*The Disruption Mindset*）作者夏琳・李在我的 Podcast「權力轉移」頻道這樣分享：「領導者說『我真的不能放棄控制權』，相信他們必須親自思考所有問題，這是非常累人的，而缺乏執行力會讓事情變得失控。」她挑戰領導者，「告訴我，你**到底**能控制些什麼？」她說，最好給人們一個容器，讓他們能夠在裡頭做任何他們必須做的事，以實現目標。」

她分享，「我最喜歡的例子之一來自康卡斯特（Comcast）公司[41]，他們鼓勵電話客服中心第一線的員工定期開會，討論他們看見的趨勢。在典型的組織層次體系中，第一線員工承受了所有抱怨，卻沒有權力。但他們被鼓勵要在發現部門主管應該知道的事情時，寫一份簡短電報，管理團隊會審視這些報告並作出回應。權力轉移到了第一線，那裡有無限的未開發潛力和能量。」

如她所說，你可以轉念，「**不是放棄權力**，**而是增強他人的權力**」，進而帶來創新和更好的目標實現。不要考慮**你**想要多少權力，而要考慮什麼能給予你所帶領的人一種實現你的願景的主體感。」如同有人引用佛陀的話，「一支蠟燭能點亮千萬支蠟燭，而這支蠟燭的光絲毫不減。幸福從不會因為共享而減少。」

成爲贊助者

作為導師，你是他人事業抱負的共謀者，既鼓勵又支持他們；作為贊助者，你可以利用自己的關係和職位的力量，在你所贊助的人不在場的地方談論他們。你會積極支持他們，並把他們介紹給你人脈網裡的人，並代表他們使用你的專業資本。

你可以贊助其他人，你有能力激發一段生命歷程來發出重大意見。請考慮一下將你獲得的贊助傳遞出去，在你的人脈網中，有誰是你可以贊助或指導的？

加入盟友關係

「盟友關係」（allyship）是指一些享有特權的內團體（in-group）[42]成員，為了促進邊緣化族群利益所作的各種努力。你可以成為人際交往中的盟友，例如，當出現基於性別、種族或身分認同的歧視或決策時，你可以說些什麼，並表明你願意開放地去理解、支持那些生活經驗和你不同，可能缺乏你所享有的優勢的人。你還可以用更公開、更全面的方式成為盟友——提出問題、質疑傳統、支持新想法和新人才。作為盟友，你扮演著重要角色，因為你的聲音有時會被聽到並接受，而那些被

41. 編註：成立於一九六三年，美國的一家全球通訊業綜合企業集團。
42. 編註：社會學與社會心理學用語，指個體認為自己是其一員的社會群體，類似概念如「小圈子」或「自己人」。

「其他化」的人所傳遞的訊息卻可能不會被聽到。

《好人》（*Good Guys*）作者大衛・史密斯（David Smith）和布萊德・強森（Brad Johnson）喜歡引用同志團體的一句自豪口號「大聲又驕傲」（loud and proud）來形容作為盟友的感受，他們舉的一個例子是，如果你是一名職業父親，你必須偷偷溜出去看你女兒的足球比賽，而職業母親卻可以嚷嚷著她們必須在下午五點去接孩子放學，我們應該把職業父親面臨的挑戰正常化，就像職業母親面臨的職業懲罰一樣。

別因為害怕別人指責你從現有體制享有別人享受不到的利益而迴避當一個盟友，你應該要以盟友的身分發揮你的力量，要超越標籤，用行動服人。

暢銷書《如何成為包容性領導者》（*How to Be an Inclusive Leader*）作者、熱門Podcast 頻道「改變的意願」（The Will to Change）創作者珍妮佛・布朗（Jennifer Brown）建議進行一項成為盟友的練習。「把自己放在盟友的位置上（即使你覺得自己在體制中被邊緣化），在某些情況下，你是局內人或大多數人，而在其他情況下，你是局外人或少數人。無論你是誰，這樣你就有了『特權』。這種『特權』不是壞事，而是要接受和加以利用的東西。」

想想你有什麼權力可以和他人分享，以及你可以帶來什麼改變？問自己：「我在這個體制中擁有什麼權力？我可以取得什麼其他人得不到的東西？有哪些場合是我可以邀請其他人進入的？照著練習的步驟進行可以幫助你利用自己的優勢來分享權力，並賦予他人權力。它還可以幫助你查明盟友在哪些方面擁有你所沒有的權力，進而想出要求其他盟友支持你的具體方式。」

作為盟友堅持到底需要保有主控力，不要抱有稀缺心態，而應考慮3D視角以及如何共同創造職場的共享新願景。珍妮佛·布朗建議，「由於經年累月的說場面話，每個人的瞎扯功夫都很高，所以態度真誠並談論『真實』（超越公共關係的話題），將成為你權力中受歡迎的一部分。」特別是如果你的團隊／組織／社區處於不公平的狀態，你就要「擔起你的50%」，然後說：「我們還沒有達到我們追求的目標，這是我個人正在做的，這是我們的管理團隊承諾要做的，而這是你可以讓我們承擔責任的方法。」這種坦率和擔當會增加別人對你的信任，而且當別人的空話讓他們感覺被忽略、無視時，這會減少他們的無力感反應。

盟友包括成為一個「挺身者」（upstander）——不是微侵犯或排斥的直接目標，但已認識到情況不對，並能透過言語或行動加以制止。如果你目睹霸凌（或類似的不尊重行為）而沒有採取任何行動，就表示你失去主控力，唯恐不安全而不敢說出，而不敢出聲會給你帶來負面影響，相當於它帶給受害者的創傷。

當我在一家大型科技公司為一個關於性別包容的專家小組提供諮詢，一名小組成員表示，當他還是初級經理時，他團隊中的一位高級工程師在一次團隊會議上發表了一些性別歧視言論，讓他感到不舒服。當時他挺身說出他的強大真相，也就是那些言論是不恰當的，並表示：「這不是我們做事的方式，我們正努力為公司全體創造一種文化。」

你可以在哪裡利用你的力量成為盟友或挺身者？

利用平臺的力量

即使你目前沒有太多影響力，你也可以創造獲得力量的方法。這方面的例子有很多，其中一個著名例子是美國女演員瑞絲·薇斯朋（Reese Witherspoon）。她曾於十年前表示自己無法獲得描繪堅強女性人物的角色，因此，她創辦了自己的製片公司，以展示強勢女性的故事。珊達·萊姆斯（Shonda Rhimes）[43]也有類似情況，她看不到有色人種女性在電視上扮演強勢角色，於是創作了以她們為主角的熱門電視影集節目和劇本。

如果你是一名個人教練、顧問、企業主、創業者或在組織中工作的個人，你可能會想，我有什麼權力？太多了！這是有史以來透過既有平臺傳播你的故事和訊息的最偉大時刻。我們正活在創作者和網紅經濟中，你將個人的「混亂轉化為訊息」的真實紀錄是人們渴求的靈感。某人分享強大真相的影片可能會一夕瘋傳，在幾天或幾週內達到 100,000 觀看人次；你可以透過定期發布真實內容，從零開始穩定建立閱聽群；那也許就是你……

你還可以利用現有管道成為意見領袖，明達・哈茨（Minda Harts）一開始是講述她作為一名黑人女性，在以白人為主體的文化和企業生活中所面臨的遭到忽視和微侵犯的故事，她利用現有管道的力量，將自己的故事化為一種可以廣泛傳播的形式：一本書。她的第一本書名為《備忘錄：有色人種女性想獲得一席之地需要知道的事》（*The Memo: What Women of Color Need to Know to Secure a Seat at the Table*），她和許多其他有色人種女性代表她的終端用戶，已成為我們媒體和組織中良心和療癒的重要聲音。你也可以利用自己的經驗發起一場運動，增強他人和自己的力量。

43. 編註：一九七〇～，美國編劇，導演和電視製作人，代表作是醫療劇《實習醫生》（Grey's Anatomy）和《醫診情緣》（Private Practice）。

或者和環保少女童貝里一樣，高舉牌子站在外面，當你擁有主控力，你自然會找到方法。你已對事情該如何發展有了願景，利用你在位子上的影響力去實現它，在每個不起眼的角落尋找你忽視了的力量，發揮創意利用你可以取得的力量。#Nowisyourtime.

就我個人而言，我熱愛我在本書作者的位子上所擁有的權力——想對你喃喃耳語就要保有主控力，為你的大腦注入權力藥水，鼓勵你利用你的力量造福所有人。

現在讓我們列出所有關於主控力的入口，在下一頁有一份簡易清單，它可幫助你回想在思考如何運用力量時該打開哪些入口。此外我還將分享兩個案例研究，說明人如何使用多種策略來解決困境。接著我們將制定一個計畫，來幫助你在生活中發揮主控力。

主控力實務：位子

1. 回顧你的角色描述，無論是在組織中還是作為服務業者（或者寫下你的角色，發揮創意描寫你作為父母、家人或社團成員的角色）。你是否充分利用了這角色的固有權力？記得經常問「為什麼」，以便自在地使用你擁有的權力。
2. 經常問自己，你的位子上還有哪些未使用的權力工具？你可以在哪裡提供他人價值，藉以發揮你的影響力？你如何利用你的關係力？你如何在組織內「敉平裂縫」來完成比你的職位權限更大的事？
3. 為你的團隊和家人創造氣候，樹立榜樣，讓所有成員和家人的互動充滿心理安全感。
4. 有意識地並盡力發揮你能扮演的所有角色：導師、贊助者、挺身者、盟友……增強他人的力量，進而增強他們和你自己的力量。
5. 利用（並擴展）你的平臺的力量，將你無能為力的「痛苦」，轉變為你力所能及的「目標」，你可以分享這個目標，來動員許多追隨者為你的願景服務。

運用權力清單

- 說服：在勸說決策者之前，務必要確定其事業和個人層面的WIIFT（這事對他們有何好處）。
- 夥伴關係：擔任情境管理人，使用POWERS架構的每一項要素來轉移問題的歸屬，並取得對方的合作夥伴關係。
- 保護：你感覺得到你的「不」嗎？你可以設定積極主動和消極被動的界限，以保護自己免受他人行為的影響，並對自戀者設置屏障。
- 強大的真相：你有需要說出的強大真相嗎？利用你的發言權，說出你的需求，看清全局，策略性地表現情緒，或者展現幽默。
- 人：你有沒有找人來反映你的優點並幫助你拿回主控力？你有沒有和能夠贊助你、壯大你的人建立連結？
- 位子：你是否保有並使用你的職位和平臺的全部權力？你正在做什麼來增強他人的力量？

案例研究＃1：利用權力減輕工作負擔

凱莎是財務部門的執行董事，她多才多藝，工作出色，所以很多工作都交給了她。她從一大早就開始處理所有緊急狀況直到晚上，她有機會接受輔導，幫助她不必獨攬一切並提升她的角色。

她說：「我失控了，做得太多了，我的工作滿足感下降，我氣憤又沮喪，我必須拿回我的權力。」

在我們合作的初期，她很惱火，有一天對她的上司脫口而出：「我不能再這樣下去！」她的意思是：這是界限。但我們把它變成了一個強大真相的腳本，將所有造成問題的點串連起來。她讓他看一張讓人「震驚又敬畏」的工作表，上面記錄了她經手的所有事務，以及問題的視覺化圖表，顯示三個團隊的工作如何匯集在她身上。

她成為整個情況的管理者——她召集了一場包括各部門負責人和她的上司的會議，提出一種新的工作整合方式的前瞻性解決方案，並得到各部門的採納；她彙整了一個用來交辦、追蹤他們和她自己的所有任務的總表格，進而騰出時間來制定戰略計畫，以重新設計他們的會計系統。她的上司和其他參與者都對她表達了尊重，她得到了升遷並獲得了豐厚獎金。

幾個月來，她一直在向部門主管爭取人力支援，但如同她所說：「直到我使用了他的WIIFT，我才得到我要的東西。」

她必須和一位自戀的上司打交道，他是IT資訊科技部門主管，對她百般阻撓。「我們在開小組會議，我好多次想糾正他，當他對我的職務說了一些誤導性的話時，我確實反駁了他，但在不需要干涉的地方，我只是不斷告訴自己：『我是一塊石頭，我是一塊石頭。』真的非常有用！我對他已經沒有任何怨恨了。」

凱莎已經一年沒準時下班或做一頓飯了，但過去兩個週末她裝修了房子，並和丈夫一起下廚！

案例研究#2：在遭到阻礙時保有主控力

還記得引言中那位瑪麗嗎？後來她成了所在金融公司合夥人團隊的負責人，以下是她成功突破障礙的經過。在我們的第一次討論中，我們深入探討了「妳的權力在哪裡？」這個問題。她以為自己遭到排擠，但隨即意識到，保留她和她的客戶才符合所有合夥人的最大利益，這讓她立即轉念，「我沒有被他們困住，我可以自由選擇；我可以好好留在團隊裡，不然**他們就得付錢給我**，讓我到其他地方去創造我的未來。」她握有最後決定權，因為她的服務方式讓她的客戶非常滿意，還表示無論她留在現在的公司還是離開，他們都會繼續聘用她。由於她身懷絕技，她可以控制自己的收入和聲譽。

之前她太害怕，以致作出錯誤的假設，現在她能夠提出一個替代故事：高級合夥人之所以排擠她可能是因為受到她所取得的成功的威脅，而不是因為她缺乏能力或喜歡霸凌人，一旦她不再把他的謠言放在心上，她就可以擺脫羞恥感，專注於自己的價值和目標。此後她對他們不再那麼生氣，變得更有同情心，心情也更輕鬆愉快。

她開始有意識地展現她的地平點角色——快樂、平靜、豐饒——讓自己立即擁有更好的心情和前景。她分享了她所主張的強大真相，這使得她在談判並提出團隊的擴大和多元化願景時得到了她想要的東西。

透過一種新的說服和合夥方式，她建立了溫和中立的對話，將他們的破壞行為轉為合作；為了吸引一位大客戶，她擴大了她的人脈網，並在被推舉為負責合夥人之後利用職權建立同工同酬，並和多元化人才發展夥伴關係。

在我們初次談話時，瑪麗一籌莫展，幾週之內，她不僅改變了自己的處境，還改變了整個團隊。這正是擁有主控力並運用權力造福所有人的最佳寫照！

第四篇

創造漣漪效應

IN YOUR POWER

CHAPTER

15

權力是一種生活方式

「每一刻都是發起組織的機會，每個人都是潛在的行動家，每一分鐘都是改變世界的契機。」

——全美農場工人協會聯合創始人／多洛雷斯・韋爾塔（Dolores Huerta）

現在你有了大量的備用策略，可以在這常常讓你感到無能為力的世界中發揮主控力，這些策略全都唾手可得，你只需去使用。你可以超越我們人類所具有的許多自動作業設定，成為一股創造力，在任何困境中保持「表現自如」的狀態，並致力於表現你的善意。

在生活中掌握權力——這是一種生活方式，你自信地行走於世上，彷彿擁有自己版本的女超人手鐲[44]或蝙蝠俠腰帶[45]。

當出現讓你失去力量的情況，要知道有十二道權力入口正 360 度環繞著你，無論朝哪個方向看，你都可以打開門並穿過入口，看見一片新景象。把注意力從權力問題移開，轉而審視自己，了解你賦予當下情況什麼意義，然後將目光放向格局更大的可能性，帶領自己和他人走出僵局。

這些入口提醒你要有目的性，你始終可以有意識地採取行動去實現你想要的結果，這符合所有人的最大利益，只需一彈指的功夫，你就可以轉換視角，朝著你的目標行動。你可以釋放身體內的情緒，重新找回平靜，而不會落入五種戰或逃行為中的一種；你可以利用你的專業知識，無論他人如何阻撓，你都知道如何說服他們並與他們合作，向他們表明你的真相，讓互動變得從容優雅；你可以成為一個為自己和他人創造心理安全感的人。

這些入口可以引導你保持**不受侵擾**，現在你自己就是你可以投靠的「家」。你知道如何保護自己免受內在的「NO」的影響，並說出你的「YES」的真相；你會發現自己正陷入一個頭條故事，於是提出一個替代故事；你可以擺脫自己為了適應之前的經歷，而發展出來的故事情節繼續往前；你可以生活在你選擇講述的、關

44. 編註：電影《神奇女超人》（*Wonder Woman*）中的神力手環（Power of the Gauntlets），只要擺出「雙手相互交叉」姿勢，就能產生強大「神力衝擊波」擊退敵人。

45. 編註：DC漫畫人物「蝙蝠俠」（Batman）的隨身裝備，內藏許多工具，而且設有安全功能，以確保只有蝙蝠俠本人才能使用它。

於自己的新人生故事裡；你可以進行「快樂研究」，了解是什麼讓你心情愉悅，充滿活力，以便讓自己表現出由內而外煥發光彩的感覺，並吸引那些能讓你更加開朗的人。別人想在他們的人生旅程中做些什麼是他們的事——你不會隨之起舞，你只想推動自己往前走，你自由了。

即使當你因為世事不如你意而傷心難過，你都可以把它轉化，利用它作為你成長的養分。當你有能力總是回到你所愛的自己身邊，你就可以去追求你的最大夢想，因為即使你一路上遇到許多難對付的人，他們都將促使你再一次接納自己，更加堅定自己的真相——儘管放馬過來吧！

這些入口舉例說明了**無限**，記住務必要超越局限性的問題，看到無限可能的解決方案。當我們連結上自己的目標，就會有一股比所有人更大的、源源不絕的神奇之愛可以取用。你今天所面臨的困境不會就這樣了，或者一直如此——當你把你的主控力粉末撒在它上面，它就會變得更好。如果這種情況不適合你，世界很大，有很多人和機會正在等著和你一樣的人。

你是否已下定決心，從今天起好好掌控自己的權力？我就知道！以下是你可以發揮主控力的實用方法：

找到一個恢復主控力的首選提示：

找一個固定提示來啟動你一系列的主控力動作，有什麼口頭禪可以用來提醒你要掌控自己的力量？可以是「好好掌握力量！」；或者問「我的力量在哪？」；或者使用諸如斷電信號（Out of power signal）縮寫「OOPs」之類的短語；或者提醒自己守住地平點。讓這個提示促使你經常處在檢視豐富的主控力策略清單的心態。

彙整一份主控力清單：

溫習本書之前的內容來回顧各種策略，整理出一份你的主控力清單。仔細回答這個問題：我的力量在哪裡？（把你的完整主控力清單和你在本書第二章列出的清單進行比較，你應該會很得意。）

讓自己被各種提示包圍：

我的許多客戶在電腦上張貼了他們的地平點名稱或符號，以便在想要進行有意識的對話時牢記在心。

（我整理了一份十二個入口的最佳策略備忘清單，讓你可以將它放在醒目的地方作為提示，你可以到 www.inyourpowerbook.com 下載。

制定一個讓你保持力量的日常儀式：

每天進行某種儀式或鍛鍊，來提醒你真實的自己。作為儀式的一部分，上傳你的地平點，讓它成為一種為你帶來快樂並保持愉悅的體驗（我會用舞蹈時段和能量練習來清除無力感的情緒）；找到適合你自己的電動車充電站，一個你可以停下來加滿活力的充電泵。

和你的社群夥伴保持連結：

讓夥伴們的反思來強化、放大新版本的你的力量，而且借用流行的反酒駕標語，想想「朋友不會讓朋友失去力量」。[46] 和社群中的人一起閱讀本書，讓大家可以相互扶持保有力量；互相提醒你們為自己和彼此設定的新標準，你們將不再輕易接受彼此身上發生的事。

注意，如果你同情那些表示自己很無力的人而且跟著抱怨，那麼你恐怕已入戲太深，失去判斷力了，而最好的方式是問：「你的力量在哪裡？」

增強他人的力量：

可以和你的工作夥伴一起閱讀本書，確保每個成員都有機會變得更加強大（例如設下界限）並具備和其他人合作的能力（例如解決體系失靈問題）。讓團隊中的「主控力文化」成為你的座右銘，在其中，每個人都要將自己的50％做到最好，為整體文化作出貢獻。

如果你是團隊領導者，要思考如何增強團隊成員的力量，來加速實現目標；如果你是團隊成員，想想如何利用自己的力量來實現目標，改善工作流程與合作。為了讓這些想法深植心中，今天就將你正在使用的方法教給你團隊或家庭中的某位成員。

46. 編註：原文"Friends don't let friends stay out of their power"，參考"Friends don't let friends drive drunk"改寫。

擔任總管：

由於你擁有主控力，因此會產生和其他人所具備的不一樣的意識水平。你不容易被激起反應，也不會充滿戒備，也不是努力想求生存或者和別人較量；你以一種別人可能從未經歷過的方式引導他人——中立、尊重、清晰、公平、充滿善意。把這種原則作為一種新標準，創造一個你心目中的世界。

做個榜樣：

想想某個被你當作榜樣的人，我敢打賭他們一定主控力十足！你可以成為你的孩子／學員／客戶／社區／團隊的榜樣，你所在的街坊全都需要你發揮主控力。

當今許多急迫問題的根源都是主事者失去了主控力，但推動這個世界前進的許多變革，都是由像你這樣重新掌控權力、運用權力的人引發的！如果你曾在職場或家庭生活中受到人們的不尊重或無知的對待，請立即打破惡性循環，別讓它延續到你的團隊成員、你的孩子、你的學員身上。

如果你已準備好在生活中掌握權力，我想給你一個挑戰。你是否願意發誓從今天開始好好發揮主控力？你是否承諾在進入每個場景時都會問：「我的力量在哪裡？」倘若如此，請舉起右手，跟著我唸：「我，＿＿＿＿（填寫你的名字），在此承諾發揮我的主控力，並利用我的權力造福所有人！」

只需展現真實的自己，就能產生漣漪效應，因為當你表現出主控力，你也能提升身邊的每一個人。

致謝

向 Wiley Publishers 出版團隊的合作與熱情支持致上崇高敬意和無比感謝，首先是麥克・坎貝爾（Mike Campbell），他相信我的願景；潔西卡・菲莉玻（Jessica Filippo），她的熱情激發了我的意志力，她的幹練監督是本書出版計畫的關鍵；理查・納拉莫爾（Richard Narramore）和黛博拉・辛德勒（Deborah Schindlar）帶來了專家指導。感謝我極具洞見的文學經紀人潔西卡・浮士德（Jessica Faust）和阿曼達・普蘭特（Amanda Plant）漂亮的封面設計。

「沒有你們就不可能完成這本書」，感謝艾米麗・洛斯（Emily Loose），她在我的寫作過程中提供畢生經驗、參與和戰略敏銳度；以及負責文案編輯的凱倫・蓋爾（Karen Geier）和阿爾多・羅薩斯（Aldo Rosas）。也要向勞倫・泰勒夫（Lauren Taylor）和米歇爾・埃里克森－斯特恩（Michele Ericson-Stern）提供的重要行政支持，以及艾米・德沃爾夫（Amy DeWolfe）的出色工作和快速交件致上個人謝忱。衷心感謝 100 Coachs 的史考特・奧斯曼（Scott Osman）和賈奎琳・萊恩（Jacquelyn

Lane）在本書撰寫期間的細心引導。

很榮幸結識ＭＧ１００葛史密斯百大企業教練社團中的巨人，同為變革推動者夥伴，他們始終慷慨地投入時間、洞識和鼓舞人心的路徑。竭誠感謝朗・卡魯奇（Ron Carucci）、安妮・戈特（Anne Gotte）、夏琳・李（Charlene Li）、黛博拉・博格（Deborah Borg）、崔西亞・布魯克（Tricia Brouk）、貝絲・波麗絲（Beth Polish）、萊恩・J・科恩（Laine J. Cohen）。對卡倫・萊昂斯－魯特（Karlen Lyons-Ruth）博士致上衷心感謝，她的開創性作品進一步加深了我們對代間依附（intergenerational attachment）[47]的理解。

向那些為本書的出版任務提供能量、故事與祝福的人們深表敬意：馬歇爾・葛史密斯（Marshall Goldsmith）、希拉・羅賓遜（Sheila Robinson）、傑琪・法蘭克（Jackie Frank）、妮拉・漢默爾（Neela Hummel）、艾波・貝芮泰洛（April Benetello）、塔夏・紐瓦（Tushar Nuwal）、布蘭達・薩爾斯－賈西亞（Brenda Salce-Garcia）、傑基・弗蘭克（Jackie Frank）、梅蘭妮・路易斯（Melanie Lewis）、拉塔莎・史都華（Latasha Stewart）、耶米・泰南（Jhaymee Tynan）、薛麗・邦德（Cherie Bond）、

47. 編註：指不同世代間基於本能與他人建立親密連結的需求。

珍妮佛・史懷哲（Jennifer Schwitzer）、賽斯・格林（Seth Greene）、莎莉・赫格森（Sally Helgesen）、克莉絲汀・克拉克（Kristen Clark）、莎拉・薇特（Sara Vetter）和艾蜜莉・皮茨（Emily Pitts）。

對那些我採訪過的人——他們幫助我了解我們每個人內心的力量，以及它能創造更好的事業、人際關係和公司——我很感激也很幸運能在本書中聽到你們的聲音：丹增・塞爾登（Tenzin Seldon）、米拉葛蘿斯・菲利普斯（Milagros Phillips）、珍・戴維斯（Jen Davis）、勞倫・坎珀（Lauren Camper）、米塔・馬利克（Mita Mallick）、莎朗・赫克（Sharon Hecker）、瑪麗喬・加利亞爾迪（MaryJo Gagliardi）、惠特妮・蕾生（Whitney Johnson）、黛博拉・布勞恩（Deborah Braun）、馬克・古爾斯頓（Mark Goulston）、安娜莉莎・布朗（Annalisa Brown）、蘇赫溫德・奧比（Sukhvinder Obhi）教授、娜比拉・愛克斯塔巴蘭（Nabeela Ixtabalan）、珍妮佛・麥可勒姆（Jennifer Mccollum）、魯奇卡・圖爾西安（Ruchika Tulshyan）、埃佛雷・埃斯科特（Efrie Escott）、切斯特・艾爾頓（Chester Elton）、湯亞・亨普斯提德（Tonya Hempstead）、帕梅・艾克佩德米（Pamay Ekpedeme）、德薩娜・李維（Texanna Reeves）、丹妮爾・馬茨（Danielle Matts）、莉莎・麥克勞德（Lisa Mcleod）、索尼婭・塞奎拉（Sonia Sequiera）教授和史蒂文・

梅爾尼克（Steven Melnick）。

感謝我的父母蘇珊（Susan）和尼爾・梅爾尼克（Neil Melnick）用畢生的愛樹立了堅毅的榜樣，感謝我的侄女麥迪（Maddie）充當我的「焦點訪談」對象。「無法言喻」地感謝約瑟夫・麥克・萊佛里（Joseph Michael Levry）博士，他為我打開了無盡的Naam瑜伽[48]工具之門，讓我了解到我內在的無限創造力，那也是每個人都可以取得的。

對我的朋友們，我珍惜你們，我們的連結讓我充滿活力，讓我不斷前進。深深感謝我的靈魂姊妹、顛覆者泰瑞・科克倫（Teri Cochrane）；和權力有關的所有事物的探索夥伴、鼓舞人心的夢想家珍妮佛・布朗（Jennifer Brown）；開創性的改革者凱莉安・佩特魯奇（KellyAnn Petrucci）博士；作為我的榜樣和個人啦啦隊的成功作家安梅・張（Annmei Chang）、艾莉莎・科恩（Alisa Cohn）和多莉・克拉克（Dorie Clark）；與我長年分享心靈、溫暖和體貼的珍妮佛・哈特威爾（Jennifer Hartwell）博士。特別感謝安妮特（Annette）成就我們之間的摯愛，妳那慷慨堅定的支持為本書的成功奠定了基礎。

48. 編註：一種簡單但有效的練習，利用聖言的力量，結合瑜伽來治癒身體、思想和精神。

感謝我的姊妹團給了我機會和妳們盡情分享自己並保有力量，在我們安全的小天地裡，妳們啟發了我、反映了我、為我保留空間，給了我在世上不感到孤獨的禮物。PLM姊妹們：艾莉森・馬洛伊（Alyson Malloy）、安德魯・艾默（Andrea Aymer）、安・妮卡・福特（Annika Ford）、安雅・祖恩（Anya Zurn）、艾倫・斯托佛－雷福德（Ellen Storfer-Rainford）、珍妮佛・亞當斯（Jennifer Adams）、珍妮佛・帕特森（Jennifer Patterson）、茱莉亞・威爾斯（Julia Wells）、金伯莉・安格紐（Kimberly Agnew）、克莉絲汀・伍德・福特（Kristy Woodford）、拉拉・佛萊契（Lala Fletcher）、勞萊・科瓦列夫斯基（Laurie Kowalevsky）、萊斯利・奎格利斯（Leslie Quigless）、莉茲・拉佛特（Liz Rafert）、瑪莉絲卡・尼可森（Mariska Nicholson）、雷娜塔・謝爾頓（Renata Shelton）、莎倫・康（Sharon Kan）、蘇菲・拉克斯頓（Sophie Luxton）、史黛西・路易斯（Stacey Lewis）和塔馬拉・露康（Tamara Lukan）。另外還要感謝卡洛琳・拉津斯基（Caroline Ladzinski）和艾瑤・摩爾（Ayo Moore）給予珍貴意見。特別鄭重地感謝我的「快樂嚮導」（Pleasure Guide）同伴克莉絲汀・克拉克（Kristen Clark）和莎拉・薇特（Sara Vetter），感謝妳們強烈的姊妹情誼和驚人的進步速度——妳們一向是令我振奮的了不起的人；感謝史蒂芬妮・雷德琳（Stephanie Redlener）給予空間讓我可以去愛全部的自己，也體現出一種母獅的形象，並讓我明白這樣的態度；無盡感謝「吉娜媽媽」芮吉娜．托馬斯豪爾（Regena Thomashauer），對我來說，她是這個時代能創造出影響力巨大的意識、也最具原創性的夢想家。謝謝妳們純正的立場，謝謝妳們對我的自我拓展的支持，謝謝妳們熾烈無悔的勇氣，感謝妳們創造了一整套難以想像的技術，讓我在這世上活得生動有趣。

感謝我勇敢的客戶們，他們體現了從無能為力到游刃有餘的轉變，並在你們的公司、家庭和社區中創造美好能量的漣漪效應。感謝你們的信任，讓我學習並分享你們的故事，以及看見你和每個人擁有主控力時，都能擁有變革推動者的無上喜悅體驗。

國家圖書館出版品預行編目資料

主控力：全球領導力大師掌握人生的12個新策略／雪倫．梅爾尼克 著；王瑞徽 譯 --初版.--臺北市：平安文化, 2024.1　面；公分. --(平安叢書；第783種)(邁向成功；95)
譯自：In Your Power: React Less, Regain Control, Raise Others
ISBN 978-626-7397-15-2 (平裝)

1.CST: 成功法 2.CST: 自我實現 3.CST: 控制論

177.2　　112020942

平安叢書第0783種
邁向成功叢書 95

主控力

全球領導力大師掌握人生的12個新策略

In Your Power: React Less, Regain Control, Raise Others

作　　者—雪倫．梅爾尼克
譯　　者—王瑞徽
發 行 人—平　雲
出版發行—平安文化有限公司
台北市敦化北路120巷50號
電話◎02-27168888
郵撥帳號◎18420815號
皇冠出版社(香港)有限公司
香港銅鑼灣道180號百樂商業中心
19字樓1903室
電話◎2529-1778　傳真◎2527-0904
總 編 輯—許婷婷
執行主編—平　靜
責任編輯—蔡維鋼
行銷企劃—鄭雅方
美術設計—兒日設計、單　宇
著作完成日期—2023年
初版一刷日期—2024年1月

法律顧問—王惠光律師

讀者服務傳真專線◎02-27150507
電腦編號◎368095
ISBN◎978-626-7397-15-2
Printed in Taiwan
本書定價◎新台幣480元/港幣160元